Bausteine Kindergarten

Sammelband I

Christine Vorholt

Ich habe Schätze
Ferne und Nähe
Was ich teilen kann
Das Leise

Illustration Josef F. Seitz

BERGMOSER + HÖLLER
VERLAG GMBH

ISBN 3-88997-025-7
© Bergmoser + Höller Verlag, Aachen 1989
alle Rechte vorbehalten
Erarbeitung und Redaktion: Christine Vorholt
Titelzeichnung und Illustrationen: Josef F. Seitz
Satz: graphodata, Aachen
Notensatz: graphodata, Aachen
Gestaltung: Image-Agentur, Aachen
Druck und Bindung: Bonifatius-Druckerei, Paderborn

Modellziel

Fähigkeit entwickeln,

- nahe an die Dinge heranzugehen und mit allen Sinnen feine, zarte, wunderbare Details zu sehen;
- mit Freude Entdeckungen zu machen, zu verweilen, zu staunen, Erfahrungen auch einander mitzuteilen;
- Dinge aus der Ferne im Überblick als Ganzes zu sehen;
- dieselben Dinge von verschiedenen Seiten her zu betrachten: viele Wahrnehmungs- und Erlebnisebenen entdecken, die hinter, zwischen oder neben den Dingen sind;
- zu ahnen, es gibt mehr, als meine Augen sehen und meine Ohren hören – Ordnung, Schönheit, Sinn ...
- den Wunsch vom Fliegen zu träumen und ihn zu äußern – und so zu „unbekannten Küsten" aufzubrechen;
- sich im Spiel auf die Gemeinschaft einzulassen im Spannungsfeld von personaler Nähe und Ferne;
- den eigenen Wunsch nach personaler Nähe oder Ferne anzubringen und solche Wünsche bei anderen zu achten;
- die Nähe anderer zu suchen und selbst anderen Nähe zu geben;
- aus dem Märchen „Jorinde und Joringel" Lebensentwurf zu entnehmen: die Fremde auf sich nehmen, Träume und Hoffnungen haben, lange Zeit einer Sache nachgehen, die Sinne gebrauchen und handeln;
- ansatzweise zu spüren, wie sich Bögen spannen vom Nahen zum Fernen und vom Fernen zum Nahen; Ferne und Nähe als Wirklichkeit des Lebens zu erahnen.

Ferne und Nähe

Elternbrief

Liebe Eltern,

für die kommenden schönen Frühlingswochen haben wir im Kindergarten ein Thema vorbereitet, das in vielfältiger Weise unsere Kindergartenkinder anregen will. Es heißt „Ferne und Nähe".

„Das klingt aber reichlich abstrakt!" werden Sie nun denken. Beleuchten wir damit aber die Erfahrungen unserer Kinder, dann wird unser Thema „Ferne und Nähe" doch recht bunt und paßt gut in diese Jahreszeit.

Die gegensätzlichen Begriffe Nähe und Ferne werden zusammengebracht, weil auch die Kinder beides immer wieder nebeneinander erfahren:

- in ihrer nahen Umwelt oder in der Natur;
- in ihren Spielen: sie erzeugen selbst diese Spannung von Nähe und Ferne, z.B. beim Versteckenspiel;
- in dem Ausdruck des Wunsches fast aller Kinder: Ich möchte fliegen wie ein Vogelkind;
- in den zwischenmenschlichen Beziehungen, wo sie Nähe suchen und finden, oder wenn sie allein sein wollen;
- und im Hinblick auf die nahen Sommerferien.

In der Natur gehen wir nahe an die Dinge heran und spüren mit allen Sinnen zarte, wunderbare Feinheiten auf, wir staunen über die Ordnung und Schönheit.
Wir sehen die Dinge aus der Ferne als Ganzes, neu und anders, und entdecken, daß dieselben Dinge von verschiedenen Seiten her betrachtet werden können. Wir äußern unseren „Wunsch vom Fliegen" und reisen in fremde Länder unserer Phantasie.
Beim Spielen sind wir uns bald ganz nahe und bald fern.
Im Märchen „Jorinde und Joringel" erfahren wir, daß wir Träume und Hoffnungen haben sollen, daß man lange einer Sache nachgehen muß, um ans Ziel zu gelangen und wache Sinne braucht.

Das Kindergartenalter ist eine gute und wichtige Zeit für intensive nahe Anschauung in der Natur, mehr prägend als jede spätere Zeit. Gerade darum! ...

Versuchen wir, mit unseren Kinder auf Entdeckungsreise zu gehen. Stecken wir die Kinder zum intensiven Beobachten an und lassen wir uns von ihnen anstecken.

Die folgenden Vorschläge wollen Sie zum Beobachten verlocken und auf unser Thema weiter neugierig machen.

Ferne und Nähe

Mit allen Sinnen wahrnehmen,

- wenn das Licht auf der Wasseroberfläche glitzert
- wenn sich der Himmel im Wasser spiegelt
- wenn der Wind durch eine Wiese oder ein Feld streicht
- wenn der Duft von Blumen und Blättern in unsere Nase strömt
- wenn aus dem Löwenzahn eine Pusteblume wird, wenn viele kleine „Fallschirmchen" sich ablösen und davonfliegen
- wenn der Wind die Blätter bewegt
- wenn Amseln von hohen Wipfeln singen
- wenn Bienen und Hummeln von Blüte zu Blüte summen
- wenn der Nebel verhüllt
- wenn nach dem Regen ein Regenbogen aufleuchtet
- wenn Tau auf den Blumen liegt
- wenn Flugzeuge Kondenzstreifen ziehen
- wenn Schmetterlinge dahintaumeln
- wenn die Wolken wie wilde Elefanten aussehen
- wenn im Gras Ameisen emsig hin- und hereilen
- wenn wir die Augen schließen und uns in die Arme eines anderen fallen lassen
- wenn wir Blumen pflücken
- wenn wir in den Bergen „Hallo" rufen
- wenn wir einfach im Gras liegen und die Augen schließen
- wenn wir eng aneinandergekuschelt im Schatten ausruhen
- wenn wir uns auf der Wiese herumtummeln
- wenn wir auf einem Spielplatz gemeinsam wippen
- wenn wir aus der Ferne Glocken läuten hören

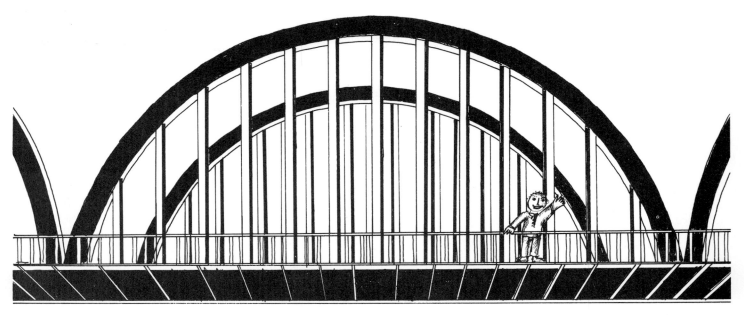

m1 *Aus der Ferne winken*

Einstieg in die Einheit

Es ergeben sich täglich situative Ansätze, mit dem Thema „Ferne und Nähe" zu beginnen. Dieser Einstieg will und kann nur einen spontanen, individuellen Situationsansatz unterstützen, will eben nur eine Möglichkeit sein.

Das Bild zeigt, was wir alle schon so oder ähnlich – auf einer Autobahnbrücke oder einem Turm – bei Kindern beobachtet haben und noch aus unserer eigenen Kindheit wissen, wie ein Kind Ferne überbrückt. Es will durch sein Winken sicher auch sagen: Hallo, guck mal, hier bin ich! Aus seiner Geste spricht ein ungestörtes Verhältnis zum anderen. Es freut sich, so hoch oben zu sein und drückt diese Freude im Winken aus. Dieses Winken des Kindes ist wie eine Überraschung, die uns trifft. Das Zurückwinken des Erwachsenen drückt aus: Er wurde berührt und rührt sich.

Die Bildszene weckt als Momentaufnahme Erinnerungen an ähnliche selbsterlebte Situationen. Sie will ganz offen bleiben für das Erzählen durch die Kinder und durch die Erzieherin.

EPG
- Das Bild an einem geeigneten Platz aufhängen.
  Einzelne Kinder schauen sich das Bild an. Sie äußern sich dazu und sprechen miteinander darüber.

gG
- Impulse für ein Kreisgespräch:
  - Seht ihr die beiden auf dem Bild, auf der Brücke ..., auf dem Schiff ...
  - Wer hat wohl als erster mit dem Winken angefangen?
  - Beiden sehen wir an, daß sie sich freuen.
  - Die beiden sprechen nicht miteinander, und doch wollen sie mit dem Winken einander etwas sagen.
  - Die Kinder dürfen eigene Brückenerlebnisse erzählen, wie sie selbst von einer Brücke hinab- oder zu einer Brücke hinaufgewinkt haben.
  - Menschen winken einander auch zu, wenn sie sich wiedersehen, und wenn sie voneinander Abschied nehmen.

EP
- Einige Kinder anregen, ein Wink-Erlebnis zu malen.

Sehen – weit weg – ganz nah m2

Zeichnungen:
Der Schmetterling im Blütenbaum

Der Blick geht zum Baum – über einen Zaun – über Wiesen und Felder – zum fernen Horizont.
Wir schauen den Baum an, seine mächtige Gestalt, wir sehen nicht den Schmetterling auf einer Blüte in seinem Geäst. Wie mit einem Teleobjektiv werden Blüten und Schmetterling herangeholt. Erstaunlich, was wir – ganz nahe – sehen! Die Handschrift des Künstlers macht uns in ihrer Überzeichnung sichtbar, was unsere Augen in der Natur so nicht sehen können. Diese Zeichnungen vermögen mehr zu erzählen, als fotografische Mittel zeigen können. Gerade dadurch wird so etwas wie Neugier geweckt und zu genauerem Beobachten angeregt.

Die vier Zeichnungen im Abstand von einem Tag im Gruppenraum aufhängen.
Beim ersten Bild die Aufmerksamkeit der Kinder wecken mit der Aussage: Ich sehe im Baum einen Schmetterling.

Sehen – weit weg – ganz nah ────────────────── m2

Aus der Nähe

Wir möchten Dinge aus der Nähe „sehen", was Sinne, Gefühle und Erinnerungen freigeben. Vielleicht darüber staunen, sich darüber mitteilen oder auch still werden. Lust bekommen, noch mehr, noch einmal, auch allein in die Dinge hineinzusehen.

eine Blume:
die schöne Farbe
da drinnen sind noch andere Farben
die Blütenblätter sind so dünn und fein
sie sitzen so schön im Kreis herum
so viele kleine gelbe Fädchen sind im Kreis
ganz nah zusammen
der Stiel ist gebogen
und da sind kleine Härchen dran
auch an den Blättern
ein bißchen duftet die Blume …

ein Baum:
wie schön schattig es hier ist
es riecht so gut
der Stamm ist dick und rubbelig
ich kann meine Arme darumlegen
ich tanze mal herum
die vielen Blätter
ein riesiges Blätterdach
ein bißchen rascheln die Blätter
das macht der Wind
so groß ist der Baum
viel größer als ich
da sind ja viele Tiere drin:
Vögel und Raupen und Hummeln und
Schmetterlinge
da unten wird der Stamm aber dick
Wurzeln sind da
als ob er sich in der Erde festhält …

ein Schmetterling:
den möchte ich fangen
so schön ist der
ganz bunt sind die Flügel
jetzt auf einer anderen Blume
ein winziges Köpfchen
und die Fühler
die Flügel gehen hoch und runter
da flattert er …

Aus der Ferne

Wir möchten Dinge aus der Ferne „sehen", neu und anders. Nicht eigentlich nach Erklärungen suchen, sondern spüren: Es gibt verschiedene Standorte, die Dinge zu betrachten.
„Unsere Blume" – eine unter vielen – bedeutet uns etwas Besonderes.

Blumen:
unsere Blume
ich kann sie nicht mehr gut sehen
wo ist sie?
ich sehe so viele Blumen
und Farben
ganz bunt ist es …

Bäume:
unseren Baum sehen wir aber jetzt gut
nun ist er gar nicht mehr so groß
wir sehen ihn ganz
auch die Spitze
wo ist sein Duft?
dort ist ja noch ein Baum
und noch einer
und noch einer
der da drüben ist ganz dünn
ich möchte wieder im Schatten sein
unter unserem Baum …

Tiere:
da taumelt er dahin
jetzt kann ich ihn nicht mehr sehen
da sind ja noch andere Schmetterlinge
und Vögel und Käfer und Bienen …

Anregung zum Gestalten:
Ein Baum voller Leben

Ein oder zwei Kinder malen mit Fingerfarben einen sehr großen Baum auf einen Bogen Packpapier. Einen Sommer lang malen die Kinder kleine Vögel, Schmetterlinge und Käfer, schneiden sie aus und kleben sie in den Baum.

Bilderbuchbesprechung:
Patricia Casey, Sommer-Leporello

Eine hübsche Idee zum Thema „Ferne und Nähe" ist in der Reihe „Die vier Jahreszeiten", Verlag Sauerländer, verwirklicht. Das Sommer-Leporello zeigt – auseinandergefaltet – eine sommerliche Küstenlandschaft. Es läßt sich aber auch als Büchlein durchblättern. Bei 8 der 23 Bildseiten kann ein „Fensterchen" aufgeklappt werden, dahinter verbergen sich „Nahaufnahmen" mit kleinen Texten:

- Eine Möwe nistet im Felsen
- Ein Windchen weht über die Mohnblumen
- Die Schwalbe füttert ihre Jungen in der Scheune
- Wespen summen um ihr Nest herum
- Die Elster beobachtet die Libelle
- Der Hase versteckt sich im Gras
- Seehunde spielen im Wasser
- Die Möwe hat Eier gelegt

Landschaft, Details und kleine Texte sind zart und leise dargestellt. Das Bändchen ist so klein, daß es gut in eine Kinderhand paßt und leicht umgeblättert werden kann. Es paßt in das Schatzkästlein jedes Kindes. Format: gefalzt 7 x 7 cm, offen 169 x 7 cm. Die Materialausführung ist sorgfältig, das Leporello steckt in einem Schuber. Weitere Bändchen der Reihe: Herbst, Winter, Frühling.

Anregung zum Gestalten:
Unser Sommer-Leporello

Für den Kindergarten bringt uns das Leporello die schöne Idee, entsprechend der heimatlichen Landschaft und entsprechend den Erlebnismöglichkeiten der Kinder ein ähnliches Leporello mit Fensterchen selbst zu gestalten. Das könnte eine schöne Dokumentation werden über kleine leise Nahentdeckungen der Gruppe.

Sehen – weit weg – ganz nah _____ **m2**

Ausschnitte sehen

Suchrahmen (Passepartout aus Karton) oder Fernrohre (aus Papierrollen) sind einfache Mittel, um Kinder zum entdeckenden Schauen selbstgewählter Ausschnitte zu verlocken.

Mit Suchrahmen und Fernrohr als „Nahgucker" Details anschauen. Mit Suchrahmen und Fernrohr als „Ferngucker" Ausschnitte von Objekten, Landschaften, Wolken ... betrachten. Sicherlich ergeben sich hier viele Sprechanlässe.
Zwei Kinder könnten spielen: Ich sehe was, was du nicht siehst.

Vergrößerungen sehen

Ein Diabetrachter ermöglicht, feine Dinge vergrößert zu sehen:

Im Garten und auf Spaziergängen kleine zarte Dinge entdecken und sammeln, z.B. Samen, Blättchen, Hälmchen ... alle Pflanzenteile, die Feuchtigkeit enthalten, erst eine Zeitlang pressen.
Die zarten kleinen Funde im Beisein und unter Mithilfe der Kinder in Diarähmchen (Diawechselrahmen 5 x 5 cm) legen und rahmen.
Einen Diabetrachter bereitstellen. Die Kinder beim Betrachten der Bilder unterstützen.

Auch eine gute Lupe ermöglicht, Dinge vergrößert und so detaillierter zu sehen.

Mit den Händen sehen

Sensomotorische Übung mit dem Blatt z.B. von einem Kirschlorbeerstrauch:

Die Kinder sitzen draußen mit der Erzieherin in kleiner Gruppe zusammen. Erzieherin: Öffnet eure Hände und schließt eure Augen, denn wir wollen mit unseren Händen „sehen". Sie legt jedem Kind ein Blatt von einem Kirschlorbeer in die Hände. Erzieherin: Sicher habt ihr erraten, daß ich euch ein Blatt in die Hände gelegt habe ... Fühlt die eine und die andere Seite des Blattes ... Die eine ist glatt, die andere weniger glatt ... Umfahrt mit den Fingerspitzen den Rand des Blattes ... Fühlt den kurzen Stiel, mit dem das Blatt am Zweig saß ... Der Stiel geht weiter ins Blatt hinein, wie eine Ader, mitten hindurch bis in die Spitze ... An beiden Seiten könnt ihr noch viele kleinere Adern fühlen ...
Nun schaut euch das Blatt mit den Augen an ... Ihr könnt sehen, was ihr alles gefühlt habt ... Und wie schön das Blatt an der Oberseite glänzt – wie gewachst ... Wie tiefgrün seine Farbe ist ... Riecht am Blatt, es riecht nur am Ende des Stiels ... Haltet das Blatt auch einmal gegen das Licht und schaut, wie die Adern im Blatt verlaufen ...

Sehen – weit weg – ganz nah _____ **m2**

Mit allen Sinnen

Im gekürzten Text „Die Natur" wird erzählt, wie eine Lehrerin ihre Schulkinder auf eine Bergwiese führt: Sie legen sich ins Gras, schließen die Augen, werden ruhig und hören Blätterrauschen, Vogelgezwitscher, Insektengesumm und andere Tierlaute ... Sie öffnen die Augen und schauen ... Sie fühlen und spüren, tasten und riechen – ganz eins mit der Natur und den anderen neben sich.
Der Text mag Anregung sein, auch einmal mit Kindergartenkindern eine geeignete Wiese aufzusuchen, um dann in Ruhe mit allen Sinnen wahrzunehmen, eins zu werden mit der Natur und den Kindern neben sich.

Die Natur

Die Lehrerin einer oberbayerischen Schule machte mit ihrer Schar folgende Entdeckung: Sie ging mit den Kindern auf eine sommerlich blühende Bergwiese. Hier legte man sich ins Gras. Die Lehrerin ermahnte die Kinder, nun einmal eine kurze Zeit lang ganz still zu sein und die Augen zu schließen. „Jetzt, Kinder, fragt euch, was ihr alles hört!" Die Kinder schlossen ihre Augen. Nach einiger Zeit meldeten sich Stimmen. Die Kinder fanden immer Neues, was in ihr Ohr kam. Das Rauschen des Windes in den Bäumen und in den Gräsern; der Flug der Insekten, ihr Summen und ihr Surren; Vogel- und andere Tierlaute; von der fernen Landstraße her das Fahren eines Wagens und irgendwo in der Nähe das Brüllen des Viehs auf den Weiden: all das gehörte zusammen, wie eine harmonische Musik. Dann durften die Kinder die Augen öffnen und sagen, was sie sahen, ohne sich aufzurichten. Und dann kam das Fühlen, Spüren, Tasten und Riechen daran. Der Geruch der Wiese tat sich auf. Es war erstaunlich, was die Kinder alles benennen konnten. Dann schließlich sollten die Kinder die Augen wieder schließen und alles, was sie gesehen, gehört und gefühlt hatten, in ihren Gedanken sammeln. Denn alles gehört zusammen, alles war gerade jetzt da. Diese ganze Welt von Dingen und Lebewesen – diese ganze Natur, und in der Natur der Mensch, das Kind, die Lehrerin, wir.

Philipp Dessauer
aus:
Die naturale Meditation
Verlag Kösel, München 1961

Schön ist das! und schön still ist es ...

Ein wunderbares Gefühl

Aliki
aus:
Gefühle sind wie Farben
Verlag Beltz, Weinheim und Basel 1987
Programm Beltz & Gelberg, Weinheim

Wolkentheater

Willst du heut großes Theater sehn?
Dann solltest du auf die Wiese gehn,
lang auf dem Rücken liegen bleiben
und zuschaun, was die Wolken treiben.

Die eine sieht wie ein Löwe aus,
der streckt immer länger die Zunge heraus
und leckt an seinen weißen Pfoten,
die sich drehen und verknoten.

Und da, gestützt auf einen Stock,
kommt eine Frau im weiten Rock
durch meterhohen Schnee gegangen.
Jetzt hat sie sich darin verfangen,
und langsam sinkt sie tiefer ein,
gleich wird sie ganz verschwunden sein.

Und hier – mit einem großen Kopfe
und einem dicken Hängezopfe –
erscheint ein Riese nun im Bild.
Sein langer Bart zerflattert wild
und schwebt davon mitsamt der Nase.

Und du liegst lachend tief im Grase.
Das ist Theater, wie dir's gefällt.
Und nicht e i n Pfennig Eintrittsgeld!

Und weiter – ein Haus mit wehender Fahne,
und dort schleckt einer Eis mit Sahne.
Jetzt legt ein Elefant ein Ei. -
Ach, denkst du, wär' ich doch dabei
in diesem fröhlichen Getümmel
da oben am Wolkentheaterhimmel!
Ich wäre ein Hund, ein Bär, ein Stier
oder ein anderes Wolkentier.
Ich würde mit dem Riesen streiten
oder auf dem Löwen reiten.

Und von oben könnt' ich sehn,
wie Kinder in die Schule gehn,
wie winzige Autos die Straße langflitzen
und winzige Menschen darinnen sitzen,

wie Vater und Mutter im Garten stehn -
ganz klein – und erstaunt zum Himmel sehn
und wie Mutter dann sagt: „Mir scheint, ich träume!
Da oben schlägt Heiner ja Purzelbäume!"

Hilde Hache

Sehen – weit weg – ganz nah _____ **m2**

Zuordnungsspiel: Gegensätze

Material:
Kästchen mit 18 Karten (Abbildungen von Gegenständen aus der Umwelt des Kindes, die eine Eigenschaft und deren Gegensatz aussagen)

Spielanregungen:

EP
- Die Karten genau anschauen und paarweise zuordnen.

gG
- Erzählen, was auf den Kärtchen zu sehen ist, die treffenden Wörter wählen:

  leicht – schwer
  leer – voll
  klein – groß
  nah – fern
  offen – zu
  lang – kurz
  dick – dünn
  weiß – schwarz
  viele – wenige

- Die Erzieherin behält die eine Hälfte der Paare, sie teilt die andere Hälfte an die Kinder aus. Die Kinder legen ihre Karten vor sich hin. Die Erzieherin zeigt nacheinander ihre Kärtchen: „Ich habe hier das leere Glas!"
Das Kind, das die entsprechende Karte hat, meldet sich: „Ich habe das volle Glas!" Es bekommt die Karte.

G
- Wenn die Kinder mit den Kärtchen vertraut sind, „Memory" spielen, die Gegensatzpaare finden und ablegen.

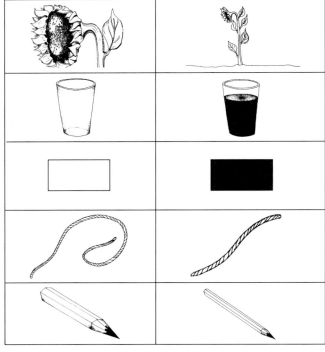

m3 _____ *Hören – weit weg – ganz nah*

Musikalische Erzählung

Alexander Borodin (1833-1887) hat ein vielgespieltes Orchesterstück „Steppenskizze aus Mittel-Asien" geschaffen. Das Programm dieser sinfonischen Dichtung führt uns ein.
Es lautet:
„Durch die Stille der sandigen Steppen Mittel-Asiens klingen die Töne eines friedlichen russischen Liedes. Aus der Ferne hört man auch Klänge einer schwermütigen orientalischen Weise und das Getrampel von Pferden und Kamelen. Eine Karawane nähert sich. Unter dem sicheren Geleitschutz der russischen Wachen verfolgt sie ruhig ihren Weg durch die unendliche Wüste. Weiter und weiter entfernt sie sich. Das Lied der Russen und die Weise der Asiaten verbinden sich zu einer gemeinsamen Harmonie, deren Widerhall sich allmählich in der Ferne verliert."

Dieses Programm ist leicht zu verfolgen, so wundervoll klar sind hier alle Vorgänge musikalisch geschildert.

Klarinette – russisches Lied;
Englischhorn – orientalische Weise;
Pizzicato der Bässe – Galopp der Hufe.

gG
- Eine kleine Gruppe Kinder sitzt im Kreis um das Schallplattengerät.
  Erzieherin: Gleich hören wir uns eine Geschichte an. Eine besondere Geschichte. Eine Geschichte nur in Musik, ganz ohne Worte. Musikinstrumente erzählen uns die kleine Geschichte.
  Die Erzieherin stellt den Kindern in Worten die musikalische Erzählung vor:

  Wir schließen die Augen. Vor uns liegt eine Steppe, das ist eine weite Ebene, wo es keine Bäume gibt, wo es nur selten regnet, wo nur halb vertrocknetes Gras wächst.
  Dort ist es ganz still.
  Da, wir hören weit weg, ganz leise ein schönes Lied.
  Da ist noch ein anderes leises schönes Lied.
  Da kommen Pferde.
  Sie laufen im Galopp über die weite Ebene – weiter und weiter.
  Wir hören die schönen Lieder ganz nah
  und den Galopp der Pferde auf der weiten Ebene.
  Es wird wieder leiser und immer leiser.
  Dann ist es wieder ganz still.

- Die Kinder hören sich die musikalische Erzählung an.

- Die Kinder äußern sich. Vielleicht kommt die Erzieherin noch einmal auf den Inhalt zurück
  … und dann möchten die Kinder die „Steppenskizze aus Mittel-Asien" sicherlich noch einmal hören, und auch später noch einmal.

Hören – weit weg – ganz nah   m3

Laut und leise singen und musizieren können, – das will dieses Lied erreichen. Leise – laut – leise wird den Kindern durch den Text zwingend verständlich, – lassen wir sie probieren, mit allen verfügbaren Instrumenten. Der Rhythmus des Refrains fordert ihre Konzentration.

Ein Musikzug kommt

Text und Melodie: Barbara Böke

2. Immer näher kommt der schöne Zug, schon sieht man die Trompeten,
   und immer lauter wird der Klang von Trommeln und von Flöten: Ram, tam-ta-tam ...

3. Um die Ecke zieht nun die Musik, wir winken und wir singen
   die lust'ge Weise immer noch, man hört's noch immer klingen: Ram, tam-ta-tam ...

aus:
B. Böke, Lernspiele 3
Verlag Fidula, Boppard/Rhein 1979

m3 _Hören – weit weg – ganz nah_

Einführung von Stabspielen:
An der großen Straßenkreuzung

Ziele:
- Eine alltägliche Verkehrssituation verklanglichen, d.h. musikalisch illustrieren,
- dabei die unterschiedlichen Klangfarben von Xylophon und Metallophon und verschiedene Spielmöglichkeiten auf diesen Instrumenten ausprobieren und anwenden,
- für zwei Klangfarben (Bewegungs- und Gleitklang) und für die Klangeigenschaften „laut" – „leise" einfache graphische Zeichen kennenlernen.

Methodische Möglichkeiten

Ein Gang an eine Straßenkreuzung mit einer Ampel soll uns Eindrücke verschaffen. Wir beobachten den Verkehr:
Die Ampel zeigt grünes Licht. Von fern kommen Personenwagen, Lastwagen, Traktoren, Motorräder und Fahrräder heran. Man hört schon von weitem das Brummen, Knattern und Tuckern der Motoren und das Klingeln der Fahrräder. Sie sausen an uns vorbei; laut klingelt es in unseren Ohren. Und fort sind sie wieder, in der Ferne wird das Geräusch der Fahrzeuge immer leiser.
Da zeigt die Ampel rotes Licht. Die neu ankommenden Fahrzeuge bleiben stehen. Der Motor brummt nur ganz leise im Leerlauf. Die Fußgänger können die Straße überqueren.
Doch bald zeigt sich zum roten Licht auch das gelbe. Die Fahrer machen sich fertig. Sie geben dem Motor etwas Gas, noch einmal und noch einmal.
Bei grünem Licht brausen sie alle wieder davon, die schnellen Personenwagen und Motorräder, die schweren Lastwagen, der langsame Traktor und ganz zum Schluß ein Fahrradfahrer.

Die Eindrücke, die wir an der Straßenkreuzung empfangen haben, sollen uns nun helfen, die Geschichte von der Straßenkreuzung in Klänge umzusetzen. Dabei bieten sich zwei Möglichkeiten an:

1. Die Fahrzeuge kommen von weit her, sie brausen an uns vorbei und verschwinden wieder in der Ferne.
2. Die Fahrzeuge müssen an der Ampel halten, weil diese rotes Licht zeigt.

Wie könnten wir das darstellen? Die Vorschläge der Kinder werden ausprobiert.
Durch Brummen mit dem Mund in verschiedenen Tonlagen kann das Motorengeräusch der einzelnen Fahrzeuge nachgeahmt werden, das An- und Abschwellen zeigt das Kommen und Gehen der Wagen.

Wir lernen „lauter" und „leiser" werden:

Auch auf Instrumenten können wir Geräusche der Fahrzeuge imitieren, z.B.: das Tuckern des Traktors auf den großen Pauken (Waschmitteltonnen, wenn keine Pauken vorhanden sind). Mit zwei weichen Schlegeln spielen wir schnelle aufeinanderfolgende Klänge, lassen sie leise beginnen, anschwellen und wieder leiser werden.
„Zitterklänge" oder „Tanzklänge" werden die Kinder sie vielleicht nennen. „Bewegungsklänge" sollen sie in Zukunft für uns heißen.

Gleichmäßige Bewegungsklänge werden so notiert:

An- und abschwellende Bewegungsklänge werden so notiert:

Hören – weit weg – ganz nah   m3

Diese Bewegungsklänge können wir aber auch auf den Stabspielen erzeugen. Die Kinder sollen sie zunächst auf den Xylophonen und Metallophonen ausprobieren. Dabei werden sie sicherlich die gleiche Technik wie bei den Pauken anwenden und mit zwei Schlegeln schnell aufeinanderfolgende Klänge auf einer bzw. zwei nebeneinanderliegenden Klangplatten spielen. Dabei entdecken sie, daß die Klänge auf den Xylophonen kurz und trocken klingen, während sie auf den Metallophonen weich und nachhallend (lang) sind.

Nun können wir die Bewegungsklänge auf den großen Stabspielen aber auch auf eine andere Art spielen. Dabei nehmen wir zwei Schlegel in eine Hand. Die einzelne Klangplatte befindet sich mit ihrem vorderen Ende zwischen den beiden Schlegelköpfen. Durch schnelles Auf- und Abschlagen mit den beiden Schlegeln wird der Bewegungsklang erzeugt. Durch kräftigeres und schwächeres Anschlagen der Platten wird ein An- oder Abschwellen erreicht (laut – leise).

Zeichen für Spielart   Zeichen für Xylophon   Zeichen für Metallophon

Die Kinder stellen den Traktor dar, indem sie ihren Bewegungsklang auf den Pauken spielen, ihn leise beginnen, ihn lauter und lauter werden und ihn schließlich wieder leise verklingen lassen.

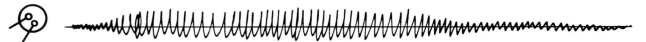

Ebenso könnte man die anderen Fahrzeuge „vorbeifahren lassen", wobei den Motorrädern zum Beispiel die hohen Xylophonklänge, den Personenwagen die mittleren Metallophonklänge, den Lastwagen alle dunklen Klänge und den Radfahrern ein Schellenklang zugeordnet werden.

Tonhöhen werden so notiert:

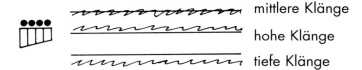

mittlere Klänge
hohe Klänge
tiefe Klänge

Wenn die Kinder eine gewisse Fertigkeit im Spielen der neuen Klänge erreicht haben, kann die Straßenszene nachgespielt werden. Die Erzieherin erzählt die „Geschichte", während die Kinder versuchen, die entsprechenden Klänge dazu zu spielen.

1. Die Fahrzeuge kommen von weit her, sie brausen an uns vorbei und verschwinden wieder in der Ferne.

„Da klingelt ein Radfahrer in der Ferne.
Der kommt immer näher- und fährt wieder weg."

„Auch die Lastwagen brummen heran,
sie brausen vorbei und – sind wieder fort."

„So geht es jeden Tag.
Viele Fahrzeuge sausen heran,
sie kommen von fern,
sie brausen vorbei,
bald hört man sie kaum mehr."

leise beginnen
lauter werden
leise werden

alle Instrumente wie vorher

m3   *Hören – weit weg – ganz nah*

Wir entwickeln in gemeinsamem Gespräch das Geschehen an der Ampel: das Anhalten, das Fertigmachen und das Abfahren der Fahrzeuge. Auch das wollen wir spielen:

2. Die Fahrzeuge müssen an der Ampel halten, weil diese rotes Licht zeigt.

„Die Ampel zeigt 'Rot'.
Alle Fahrzeuge bleiben stehen:

der Lastwagen,

die Personenwagen,

die Motorräder,

der Traktor,

und der Radfahrer."

„Die Ampel zeigt 'Gelb'.
Die Wagen machen sich fertig,
sie geben Gas."

„Die Ampel zeigt 'Grün'.
Alle Fahrzeuge fahren davon."

„Der Radfahrer ist noch lange zu hören."

Bei der Zeile „Alle Fahrzeuge fahren davon" kann zusätzlich ein neuer Klang eingeführt werden. Es ist der „Gleitklang" (glissando). Wir gleiten mit dem Schlegel schnell vom tiefsten bis zum höchsten Ton des Instrumentes, oder umgekehrt.

Gleitklänge werden so notiert:

aufwärts   abwärts   auf- und abwärts

Jenny Neuhäuser

Tausend Schirmchen fliegen leicht

m4

Vom Löwenzahn zur Pusteblume

Text: Barbara Cratzius Melodie: Paul G. Walter

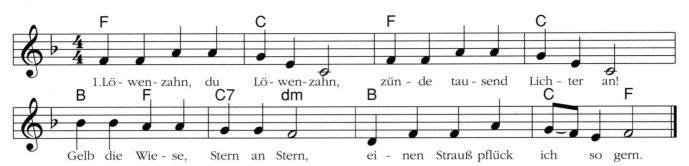

1. Löwenzahn, du Löwenzahn, zünde tausend Lichter an!
Gelb die Wiese, Stern an Stern, einen Strauß pflück ich so gern.

2. Doch vielleicht schon über Nacht
ist vorbei die goldne Pracht,
sind die Kerzen abgebrannt,
silbrig' schimmert's überm Land.

3. Wenn der Wind vorüberstreicht,
schweben tausend Schirmchen leicht,
segeln über Gras und Land,
leer ist meine kleine Hand.

*aus:
MC, Was blitzt da unterm Schnee
Musikbär Verlag, Schriesheim 1988*

Tausend Samen fliegen fort,
blühen bald an jedem Ort.
Nächstes Jahr fängt's wieder an –
Pusteblumen – Löwenzahn.

volkstümlich

Tausend Schirmchen fliegen leicht

Anregungen zum Beobachten

Überall Löwenzahn, wohin wir auch gehen, im Garten, auf Wiesen, an Wegrändern, auf Waldwegen. Die gelben Löwenzahnblüten verwandeln sich in silberweiße Pusteblumen, deren Früchte an kleinen „Fallschirmchen" mit dem Wind oft weit fortgetragen werden. Sie landen und können bald Wurzeln und Keimblätter entfalten.

- Bei gutem Wetter beobachten vielleicht die Kinder, wie immer wieder kleine weiße zarte Gebilde vom Wind durch die Luft getragen werden. Vielleicht fangen sie sogar welche auf und werden neugierig.

  Vielleicht gibt es in der Nähe des Kindergartens eine Wiese, wo die Kinder viele Löwenzahn- und Pusteblumen finden:

- Die Kinder schauen sich die Löwenzahnblüten in Ruhe ganz aus der Nähe einmal an: die Fülle goldgelber Blüten- und Staubblätter – wie goldene Krönchen, wie kleine Sonnen.

- Sie finden aber auch einzelne Pusteblumen: hauchfeine weiße Kugeln. Sie blasen die Kugeln kräftig an und beobachten, wie die kleinen Federkörnchen davonfliegen. Vielleicht werden die Kinder von sich aus sagen: Die sehen ja aus wie kleine Fallschirmchen.
  Vielleicht fangen sie sich auch ein paar Fallschirmchen ein und schauen genauer hin und entdecken, wie an jedem Federkrönchen unten ein Samenkörnchen hängt.

- Die Erzieherin sucht die Kinder auf den Zusammenhang von Löwenzahn und Pusteblume hinzulenken. Sie vergleichen bei beiden die Stiele und die Blätter. Hier und da finden sich auch Löwenzahnblumen, bei denen es aus den geschlossenen Blüten nicht mehr goldgelb herausleuchtet, sondern ein weißes, buscheliges Etwas hervorschaut: Die Blüte hat sich verwandelt.
  Die Kinder pflücken einige Pusteblumen vorsichtig ab, schlagen sie einzeln in Papiertaschentücher ein und nehmen sie mit in die Gruppe.

- Mit den Fingern oder mit einer Pinzette legen sie alle Fallschirmchen einer Pusteblume nebeneinander – vielleicht immer zehn in eine Reihe – auf die Klebeseite von Tesastreifen (ca. 13 Reihen werden es!).

- Mit der Lupe schauen sich die Kinder die kleinen spitzen Samenkörner und die feinen Strahlen des winzigen Fallschirms genauer an.

- Die Erzieherin erzählt den Kindern, daß die Samenkörner an den Fallschirmchen vom Wind oft weit fortgetragen werden, irgendwo landen und, wenn dort feuchte Erde ist, keimen und wachsen.

- Die Kinder füllen Blumenerde in Blumentöpfe. Sie lassen „Fallschirmchen" auf die lockere Blumenerde fallen. Mit einem Gießkännchen lassen sie es „regnen". Die Samen werden so in die feuchte Erde gedrückt und fangen nach wenigen Tagen an zu keimen und zu wurzeln. Wenn die Kinder die Erde schön feucht halten, können sie das Wachsen des Löwenzahns verfolgen.

So nah und doch so fern ──────────────────── m5

Den Sternenhimmel entdecken

Nur noch selten erleben wir eine sternenklare Nacht; allzu viel künstliches Licht blendet uns. Mehr als eine halbe Stunde benötigen unsere Augen, um in der Dunkelheit voll sehen zu können. Dann scheint uns der Nachthimmel mit Sternen geradezu übersät.
Vielleicht lassen sich einige Eltern durch den nachfolgenden Beitrag anregen, mit ihren Kindern den Sternenhimmel einer Sommernacht zu erleben.

Eine Anregung für Eltern

In den hohen, klaren Sommernächten, wenn es spät dunkelt, ist es für Kinder ein unvergeßliches Erlebnis, wenn sie einmal länger wach bleiben dürfen, um mit den Erwachsenen den Einbruch der Nacht und das allmähliche Aufglänzen der Sterne zu erleben. Für Stadtkinder, die zu Hause nur einen kleinen Ausschnitt des Himmels zu sehen bekommen, findet sich vielleicht während der Ferien Gelegenheit dazu.

Der Abendstern, die Venus, leuchtet schon, bevor es richtig dunkel wird. Wer entdeckt den nächsten Stern? Wie nah der Himmel erlebt werden kann! Er reicht bis hinunter zu den Bergen, dem Wasser, den Bäumen. „Da oben auf der Baumspitze möcht' ich jetzt sein, da fängt gleich der Himmel an!" ruft ein Kind. Ein anderes entdeckt, wie die Sterne funkeln: „Schau mal, dieser Stern geht immer ein bißchen an und aus."

Ältere Kinder wollen schon einige Sternbilder erkennen oder selbst den goldenen Himmelsnagel, den Nordstern, suchen. Dieser läßt sich ausgehend vom Bild des Großen Wagens auffinden, wenn die beiden rückwärtigen, den Kasten des Wagens bezeichnenden Sterne mit einer gedachten Linie um das Fünffache verlängert werden. Der Polarstern oder Nordstern gilt als Himmelskompaß. Er ist der dritte Deichselstern des kleinen Wagens.

In der ersten Augusthälfte befindet sich die Erde im Meteorstrom der Perseiden. In dieser Zeit sind besonders viele Sternschnuppen zu sehen. Man erzählt sich: „Wer eine Sternschnuppe entdeckt, der hat einen Wunsch frei. Dieser geht nur dann in Erfüllung, wenn er niemandem verraten wird."

Christiane Kutik
aus:
Das Jahreszeitenbuch
Verlag Freies Geistesleben, Stuttgart 1987

vgl. auch: Willi Fährmann, Schöne Zeit mit Kindern, Echter-Tyrolia
darin: Mit Kindern den Sternenhimmel entdecken, S.122ff

Im Dunkel scheint dein Licht.
Woher, ich weiß es nicht.
Es scheint so nah und doch so fern.
Ich weiß nicht, wie du heißt.
Was du auch immer seist:
Schimmere, schimmere, kleiner Stern!

*nach einem alten irischen Kinderlied
gefunden in: Michael Ende, „Momo"*

Tim wartet auf die Nacht

Es ist Sommer. Tim ist beim Großvater zu Besuch. Tim und der Großvater schauen aus dem Fenster.

Nun ist es Abend geworden. Die Sonne verschwindet hinter dem Berg. Die Wolken am Himmel sind bunt: rosa, gelb und grün.

„Es ist Zeit, schlafen zu gehen", sagt der Großvater.

„Ich will warten, bis die dunkle Nacht kommt", sagt Tim.

„Das dauert noch eine Weile", sagt der Großvater.

Sie schauen aus dem Fenster.

Die hellen Wolken werden dunkler.

„Wann kommt endlich die dunkle Nacht?" fragt Tim.

„Das dauert noch eine Weile", sagt der Großvater.

„Da werde ich aber hungrig", sagt Tim.

Da holt der Großvater ein dickes Butterbrot für Tim. Tim kaut daran.

„Wann kommt endlich die ganz dunkle Nacht?" fragt Tim.

„Das dauert noch eine Weile", sagt der Großvater.

„Da wird mir aber kalt vom Warten", sagt Tim.

Da holt der Großvater eine wollene Decke und wickelt Tim hinein.

Sie schauen weiter aus dem Fenster. Am Himmel gibt es noch helle Flecken. In manchen Häusern brennt Licht.

„Wann ist die dunkle Nacht endlich da?" fragt Tim.

„Ein Weilchen wird es noch dauern", sagt der Großvater.

„Da werde ich aber müde vom Warten", sagt Tim.

Er muß gähnen. Seine Arme hängen schlapp. Sein Kopf nickt nach vorn.

„HALT!" ruft der Großvater. „Nicht vom Stuhl fallen.
Gleich kommt die Nacht."

Aber Tim ist eingeschlafen. Der Großvater trägt ihn ins Bett.

Am anderen Morgen scheint die Sonne.

„Wo ist die dunkle Nacht?" fragt Tim.

„Du hast sie verschlafen, sagt der Großvater.

„Heute abend passe ich besser auf", sagt Tim. „Mit vielen Broten. Und vielen Decken. Und du mußt mich in den Arm nehmen, damit ich nicht vom Stuhl falle."

„Ja", sagt der Großvater, „heute abend machen wir es richtig."

*Hanna Hanisch
aus:
Mein blauer Esel Pim – Geschichten und Verse, rotfuchs 490
Rowohlt Taschenbuch Verlag, Reinbeck bei Hamburg 1989*

So nah und doch so fern

Den Mond entdecken

Die folgende Geschichte endet mit der Frage: Kann denn jemand mit dem Auto den Mond überholen?
Petra und Niels sind mit ihren Eltern den ganzen Tag und noch die halbe Nacht im Auto unterwegs. Den Kindern wird es immer langweiliger, bis Niels am Nachthimmel den Mond entdeckt. Er scheint sie zu begleiten: Bald versteckt er sich, bald schwebt er, tanzt, läßt Dinge seltsam leuchten, eilt um die Wette mit ihnen.
Für die Kinder wird die Nachtfahrt zur spannenden Wettfahrt. Wirklichkeit und Illusion verschmelzen zu einer vollkommenen Einheit.

Den Mond überholen

Tausend Kilometer weit fahren müssen Petra und Niels, wenn sie ihre Großeltern besuchen wollen. Beim Einsteigen neulich in das Auto freuten sie sich sehr, und auch den ersten Teil der Reise fanden sie noch ganz lustig. Aber irgendwann hatten sie alle Autospiele gespielt und die Kekse und das Obst gegessen und den Pfefferminztee getrunken, sie hatten einige Male Rast gemacht und beim Fahren auf den Rücksitzen geschlafen, Mutter und Vater hatten sich am Steuer abgelöst – und es wurde Mittag, es wurde Nachmittag, es wurde dämmerig, es wurde dunkel, sie fuhren und fuhren und waren noch nicht am Ziel. Petra war es furchtbar fad auf dieser langen, langweiligen Strecke, sie wäre am liebsten nie mehr mitgefahren.

Niels schaute aus dem Seitenfenster schräg in die Höhe, in die Dunkelheit hinein.

„Was siehst du denn so Spannendes?" fragt Petra grantig, „daß du dauernd nach draußen starrst?"
„Der Mond spielt mit uns", sagte Niels, „er begleitet uns am Himmel."

„Phhh", machte Petra. Sie fand solchen Kinderkram albern, wie Niels ihn da erzählte. „Der Mond ist viel zu groß und viel zu weit weg. Ausgerechnet mit uns soll er spielen, phhh."

In diesem Moment fuhren sie durch einen dichten Fichtenwald. Der Mond verschwand.

„Du hast ihn geärgert", sagte Niels. „Siehst du, er hat sich versteckt." Aber da verließen sie den düsteren Wald, und der Mond war wieder da. Er schwebte am Himmel vor ihrem Auto her, er tanzte über den Dächern der Dörfer, er blitzte ihnen entgegen, wenn sie einen Berg hinaufgefahren waren, er ließ die Felder seltsam leuchten, die links und rechts der Straße lagen.

„Fahr bitte schneller", sagte Niels zu seinem Vater, „vielleicht können wir den Mond überholen."

Petra machte nicht mehr „phhh". Sie wartete auch gespannt, ob es ihnen wohl gelingen würde, den Mond zu überholen. Vor der nächsten Stadt? Der Mond war längst als erster da. Nach dem nächsten Wald? Der Mond schien schön und voll vor ihnen.

„Noch zehn Minuten Autobahn, dann haben wirs geschafft", erklärte die Mutter.

Schnurgerade zog sich die Autobahn vor ihnen hin, und der Mond blieb ruhig an seinem Platz vor ihnen, dicht über dem Horizont. Nein, sie würden es kaum schaffen, ihn zu überholen.

„Paß auf, gleich sind wir da." Der Vater steuerte den Wagen über eine Ausfahrt von der Autobahn, er fuhr eine lange, lange, lange Kurve — und als die Kurve zu Ende war, rief Niels fröhlich: „Jetzt haben wir den Mond doch überholt!"

Tatsächlich. Der Mond schimmert nun durch das Rückfenster des Autos, blieb hinter ihnen fern am Himmel. Hatte er mit Niels und Petra gespielt oder nicht? Kann denn jemand mit dem Auto den Mond überholen?

Katrin Arnold
aus:
Ulrike Lentz-Penzoldt (Hrsg.), In allen Häusern, wo Kinder sind
Verlag H.Ellermann, München 1975

Die Sonne entdecken

Das Rapsfeld

Im Mai
hat das Rapsfeld beschlossen,
ein Stück von der Sonne auf die Erde zu holen.
Ganz heimlich hat es vom Glanz der Sonne gestohlen.
Nun leuchtet unverdrossen
das Rapsfeld im Mai.
Einerlei,
ob Wolken sich türmen
und Winde rauh stürmen,
ob es trüb ist und grau,
statt maiveilchenblau:
wie sich das Wetter im Mai auch zeigt,
stets Sonnenglanz aus dem Rapsfeld steigt.

Heidi Kaiser
(Rechte bei der Autorin)

Anregungen zum Beobachten und Gestalten

gG
- Gelb leuchtende Rapsfelder in der Landschaft sehen.
- Nahe an ein blühendes Rapsfeld herangehen, die unwahrscheinliche Blütenpracht von Nahem anschauen.
- Das millionenfache Summen von Bienen und anderen Insekten hören und beobachten, wie sie von Blüte zu Blüte eilen und ihren Rüssel in die Blüten stecken.
- Den schweren süßen Duft der Rapsblüten riechen.
- Einzelne Blüten genauer anschauen, mit einer Fingerkuppe vorsichtig die Blüte berühren, Blütenstaub bleibt hängen.
- Einige Blütendolden pflücken: Sie für einige Tage ins Wasser stellen. Vielleicht einige Blütendolden pressen.

EP
- Vom Rapsfeld ein Bild malen, mit viel Goldgelb, mit Bienen und Schmetterlingen.

Fliegen wie ein Vogelkind m6

m6 — *Fliegen wie ein Vogelkind*

Landschaft aus der Vogelperspektive

Auf dem Bild „Landschaft aus der Vogelperspektive" von Josef F. Seitz gibt es für die Kinder wie in einer bunten Spielzeuglandschaft viel zum Entdecken: ein schönes Wasserschloß mit großem Park; ein kleines Dorf und mittendrin die Kirche; ein Fluß, der sich durch die grüne Landschaft schlängelt; viele Felder, die wie Puzzleteile aussehen, durchzogen von dünnen Bändern – den Straßen und Wegen; vereinzelt Baumreihen, die die Straße säumen; drei Bauernhöfe inmitten ihrer Felder; ein kleiner See mit zwei Segelbooten ...

Nicht alle Kinder haben schon einmal aus der Vogelperspektive auf eine Landschaft hinabschauen können – von einem Riesenrad aus, von einem sehr hohen Turm aus, von einem steilen Berg aus, oder sogar vom Flugzeug aus. Das Bild wirkt in seiner Perspektive auf die Kinder ungewohnt. Die Kinder werden sicherlich ein wenig gründlicher hinschauen müssen.

gGg
- Die Erzieherin zeigt den Kindern das Poster „Landschaft aus der Vogelperspektive": Wir sehen die Welt wie ein Vogel ... Alles sieht klein aus ... Die Kinder erkennen eine Landschaft und entdecken Einzelheiten; dazu brauchen sie Zeit.
- Das Poster kann auch einmal auf den Tisch gelegt werden, und die Kinder dürfen einige Figuren ihres Kleine-Welt-Spiels ins Bild setzen – und aus der Vogelperspektive betrachten.
- Die Erzieherin macht mit den Kindern einen Ausflug zu einem „hohen Punkt" der Gegend (Berg, Aussichtsturm, Kirchturm, Stadtmauer). Sie schauen hinab und versuchen, Vertrautes zu entdecken und Unbekanntes zu erkennen und zu beschreiben.

gG
- Die Erzieherin kann Einzelheiten des Ausflugs in Fotos festhalten. Dabei bietet eine Sofortkamera den Vorteil, daß die Fotos unmittelbar danach verfügbar sind.
- In der Gruppe werden die Fotos besprochen, Erinnerungen werden ausgetauscht. Das Poster wird noch einmal in die Betrachtungen einbezogen.
- Im Freispiel kann ein Bilderbuch zum Thema ausgelegt und in einer Bilderbuchbetrachtung in der Gruppe eingeführt werden.

EPG
- Die Kinder gestalten kleine Landschaften, mit denen sie sich draußen über eine längere Zeit beschäftigen. Dafür eignen sich flache Obstkisten, mit Sand oder Sägemehl gefüllt, dazu Steine, Hölzer, Zweiglein, Zapfen und was sonst noch gefällt.

Fliegen wie ein Vogelkind ─────────────────────────────────── **m6**

Die Schmetterlingsmäuse

Die Mäuse bastelten Tag und Nacht
und haben sich Schmetterlingsflügel gemacht.
Aber fliegen hoch oben im Junilicht
wie die Schmetterlinge, das konnten sie nicht.

Sie standen und staunten. Dann sagten sie: „Nee,
wir haben eine ganz andre Idee.
Wir klettern hinauf auf den höchsten Hügel,
da greift uns der Juniwind unter die Flügel."

Sie warteten auf den Wind, und dann
fingen die Mäuse zu fliegen an.
So sind sie endlich im hohen Bogen
über die Wiese zum Wald geflogen.

Dann flogen sie selig und voller Wonne
in ein Land gleich hinter der Morgensonne.
Und nur Bauer Busemann hat sie gesehn.
Er fand die Schmetterlingsmäuse sehr schön.

aus:
FÜR KATZEN STRENG VERBOTEN
ein Bilderbuch von Leo Lionni, mit Gedichten von Fredrik Vahle
Verlag G. Middelhauve, Köln 1981

Bildergeschichte:
Die Schmetterlingsmäuse

Die Idee, das Gedicht „Die Schmetterlingsmäuse" von Fredrik Vahle als Bildergeschichte darzustellen, wurde angeregt durch die Geschichte, die zwischen den Zeilen des Gedichts steckt, durch das Illustrationsbild Leo Lionnis zu diesem Gedicht und durch das nebenstehende Foto, das uns etwas von der Illustrationsweise Lionnis verrät.

Die Bildergeschichte bietet in den fünf Einzelbildern den Kindern viel Sprechanreiz – vom Fliegen zu träumen.

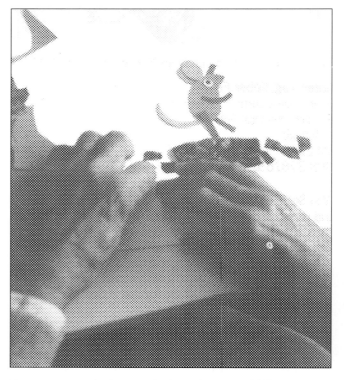

Foto: aus einem Werbeprospekt des Verlags G.Middelhauve

Vorbereitung:
Erstellen der fünf Einzelbilder durch die Erzieherin. Größe DIN A 4 oder größer.

gG
- Die Bildergeschichte mit den Kindern erarbeiten: Die Einzelbilder nacheinander anschauen und die Geschichte entwickeln.
- Mit den Kindern überlegen, wie die Geschichte heißen könnte.
- Die Bilder auslegen oder aufhängen.
  Das Gedicht vortragen,
  es wiederholen und die Kinder mehr und mehr mitsprechen lassen – was den Kindern bei den hübschen Reimen sicher Freude macht.

  *Die Mäuse bastelten Tag und Nacht
  und haben sich ...*

  *Sie standen und staunten. Dann sagten sie: „Nee,
  wir haben eine ganz ..."*

G
- Im Freispiel Schmetterlinge, Mäuse und Bauer Busemann als Stockpuppen basteln. Zusätzlich für jede Maus Schmetterlingsflügel zum Anheften.

gG
- Die Geschichte mit den Stockpuppen spielen.
- Aus den fünf Einzelbildern und dem gewählten Titel ein „Bilderbuch" anfertigen für die Bücherecke.

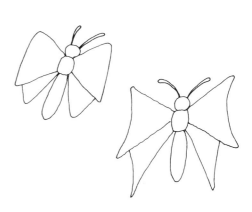

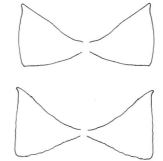

Fliegen wie ein Vogelkind _____ **m6**

Bildergeschichte:
Die Schmetterlingsmäuse

Bild 1:
Schaut euch das Bild an.
Erzählt, was ihr seht!
Warum schauen alle Mäuse in den Himmel?
Was denken Sie? Wovon träumen sie?
Was sagen sie zueinander?
Ergebnis:
Die Mäuse fangen an, vom Fliegen zu träumen.

Bild 2:
Da sehen wir wieder die Mäuse.
Könnt ihr erkennen, was sie tun?
Ergebnis:
Die Mäuse basteln sich Flügel.

m6 — *Fliegen wie ein Vogelkind*

Bild 3:
Wie sehen denn die Mäuse jetzt aus?
Gefallen euch die Mäuse?
Was versuchen sie denn da?
Ob ihnen das Fliegen gelingt?
Ergebnis:
Die Mäuse versuchen zu fliegen, aber es gelingt ihnen nicht.
Sie sind eben Mäuse! Habt ihr eine Idee?

Bild 4:
Schaut mal, welchen Einfall die Mäuse da haben!
Ergebnis:
Die Mäuse klettern auf einen hohen Berg.
Könnt ihr euch denken, warum?

Bild 5:
Die Kinder werden spontan äußern: Da fliegen sie ja!•Ihr Traum geht in Erfüllung.
Etwas, das wir auf dem Bild nicht sehen können, hilft den Schmetterlingsmäusen beim Fliegen ...
„Ein Bauer hat es geseh'n, er fand die Schmetterlingsmäuse ...
(die Kinder reimen:) sehr schön."
Ergebnis:
Die Mäuse mußten auf den Hügel klettern, damit ihnen der Wind unter die Flügel greift.

Fliegen wie ein Vogelkind

m6

Kindheitserinnerung

Wir saßen einfach da. Ich sagte nichts mehr, und mein Vater sagte auch nichts. Er streckte sich auf dem Felsen aus und schloß die Augen. Ich streckte mich auch aus und blickte in die Höhe.

Da oben sah ich ein paar weiße Wolken, und die betrachtete ich längere Zeit. Sie sahen aus wie Inseln, und es dauerte nicht lange, da war ich schon oben und spazierte herum. Ich besah mir die Welt von dieser Höhe ...

Die Zeit verging, und ich kam herunter von meinen Wolken und kehrte auf den Felsen zurück.

William Saroyan © 1956
aus:
...sagte mein Vater
Verlag S. Fischer, Frankfurt am Main

Wunderbares Wolkenbett
Text: Barbara Cratzius   Melodie: Paul G. Walter
Rechte bei den Autoren

1. Heu-te sah ich ei-ne Wol-ke, weiß und ku-schel-weich.
Und ich dach-te: Leg dich rein, das muß so ge-müt-lich sein.
Lie-be wei-ße Wol-ken-wol-le, nimm mich mit zu der Frau Hol-le.

Kinderaussage

Der Drachenflieger gefällt mir. Er ist so lang und fliegt. Dazu muß man den Berg hinunterlaufen. Ich weiß, wie es geht, ich habe es schon gesehen. Auf den Drachenflieger male in einen Raubvogel, weil mein Drachenflieger so heißt.

gefunden in: Kindergarten heute, Heft 2/85, Freiburg

m6 — *Fliegen wie ein Vogelkind*

Wanja hat sich einen Zauberkahn gebaut. Es muß schön sein, so hoch über den Wolken zu fliegen!
Fliegt ein Vogel ihm entgegen und sieht den Wanja in dem Schiff über den Wolken, dann staunt der Vogel nicht schlecht.
Wanja gefällt es, im Zauberkahn so hoch oben dahin zu segeln, unter sich fremde Länder und unbekannte Küsten.
Endlich kommt Wanja froh zur Erde zurück.

Imaginationsübung

Die Kinder sitzen im Kreis auf dem Boden (Gruppenraum oder ruhige Stelle im Garten). Die Gruppe ist in einer ruhigen, entspannten Haltung.
Erzieherin, mit großer Ruhe:

> Schließt die Augen!
> Wir starten zu einer Reise.
> Wir wollen uns die Welt von oben besehen.
> Dafür haben wir ein Zauberschiff ...
> Wir steigen ein in unser Zauberschiff ...
> Wir fahren los ...
> Es geht höher ... und höher ...
> Da kommt ein Wind ...
> Wir fliegen ... im Schiff ... durch die Luft ...
> Die Wolken sind ganz nah ...
> Die Vögel staunen ...
> Da unten ... wie klein alles ist ...
> Städte ... Dörfer ... Felder ... Wiesen ...
> Wälder ... Berge ... ein See ...
> Ach, wie schön! ... so hoch zu fliegen ...
>
> Wir kommen mit dem Zauberschiff zurück ...
> Wir sind ganz froh ...
> Wir steigen aus unserem Zauberschiff aus ...
> Das war ein schöner Ausflug!

Die Kinder können ein Bild zum Ausflug ihrer Träume malen.

Fliegen wie ein Vogelkind _____ **m6**

Bewegungsspiel:
Die Reise mit dem fliegenden Teppich

Das Spiel ist eine phantastische Abenteuerreise mit vielen Stationen. Unter Anleitung der Erzieherin spielen die Kinder, daß sie mit einem fliegenden Teppich von Ort zu Ort fliegen (Flugphase). Wenn sie landen, erleben sie phantastische Abenteuer (Spielphase).
Da die Erzieherin während des Spiels nicht immer wieder aus ihrer Rolle steigen und ins Buch sehen kann, sind hier – als Anregung – nur einige mögliche Stationen kurz beschrieben. Sie wird sicher, aus dem Spielverlauf heraus, Änderungen vornehmen und neue Stationen dazuerfinden. Dabei sollte sie natürlich auch die Kinder stark einbeziehen und Vorschläge machen lassen.
Das Spiel beginnt mit der Flugphase, auf die die Spielphase folgt, die wiederum von einer neuen Flugphase abgelöst wird usw.

Flugphase:
Alle Kinder und die Erzieherin sitzen auf dem „fliegenden Teppich", einer am Boden ausgebreiteten Decke. Alle rufen:

> Fliege, Teppich, flieg geschwind,
> bis wir ganz woanders sind!

Darauf hört man das laute Heulen des Fahrtwindes, das von kreisenden Armbewegungen begleitet wird.

Spielphasen:
1. Drachenland
Die Hälfte der Kinder spielt einen Drachen: Die Kinder gehen hintereinander und haben die Decke, die vorher den fliegenden Teppich darstellte, über sich gezogen.
Die übrigen Kinder lassen sich nacheinander vom „Drachen" fressen. Dabei kriecht immer wieder ein Kind unter den Beinen der „Drachenkinder" hindurch und schlüpft so ebenfalls unter die Decke.
Wenn alle Kinder vom „Drachen" gefressen wurden, kitzeln sie ihn von innen am Bauch (sie kitzeln sich gegenseitig). Mit einem fürchterlichen Brüllen spuckt der „Drache" alle Kinder wieder aus.

2. Land der sprechenden Blumen
Eine Hälfte der Gruppe spielt die Blumen, ihre Hände bilden über dem Kopf eine Kelchform.
Die Blumen sprechen immer das nach, was zu ihnen gesagt wird. Jedes der übrigen Kinder sucht sich eine sprechende Blume und spricht ihr einfache Sätze vor, die die Blume wiederholt.
Fragen wiederholt die Blume ebenfalls wie ein Echo.
Nach einer gewissen Zeit tauschen die Kinder die Rollen.

3. Die schrumpfende Insel
Der „Teppich" landet im „Meer", die Kinder „schwimmen" durch den Raum. Sie entdecken eine „Insel", auf die sie sich retten können, die Decke. Aber zu ihrem Schrecken ist es eine „Zauberinsel" die immer kleiner wird. (Die Decke wird von einer Seite immer mehr aufgerollt.) Alle Kinder, die keinen Platz mehr auf der „Insel" finden, müssen wieder „schwimmen". Wenn dies alle tun, rollt die Pädagogin die Decke wieder aus.

4. Land der lebenden Spiegel
Die eine Hälfte der Kinder spielt die lebenden Spiegel, in denen sich die anderen Kinder „betrachten". Dazu sucht sich jedes Kind seinen „Spiegel" und stellt sich vor ihn hin.
Am Schluß des Spiels (der Reise) kommen alle zu Hause an.

Knister/Paul Maar
aus:
Frühling, Spiele, Herbst und Lieder
Verlag O. Maier, Ravensburg 1981

Sie senden Botschaften aus

Kinder sind noch unkompliziert. Sie zeigen es deutlich, wenn sie unsere Nähe wollen. Sie nehmen unsere Hand, klammern sich an unsere Beine, legen seidenweiche Arme um unseren Hals ... Genauso offen entwinden sie sich unseren Armen ...

Für manche scheint es nicht ganz so einfach zu sein, ihre Wünsche anzubringen. Dann senden sie versteckte Botschaften aus – Klapse auf den Po, kleine Neckereien, kleine Ärgereien, bis uns die Geduld reißt und wir die Störenfriede zu ihrem großen Entzücken packen, vernudeln und mit ihnen in kämpferischer Umarmung aufgehen.

Marcella Barth und Ursula Markus
aus:
Unter Kindern oder wenn kleine Hände uns entführen, S.80
Verlag Pro Juventute, Zürich 1987
darin: Kapitel "Nähe suchen, Nähe finden"

Wo bleibt denn Mutti?

12 Uhr mittags –
Kindergarten ist aus.
Ich freu mich auf Mutti,
freu mich auf zu Haus.

Mein Teddy ist weg!
Ich habe Hunger.
Wo bleibt denn Mutti?
Ich möchte nach Haus.

Mein Freund ist schon weg,
kein Kind ist mehr da.
Ich habe Angst.
Ich bin so traurig.

Ich glaub, ich muß weinen,
ich muß noch aufs Klo.
Ich bin der Letzte -
wo bleibt die Mutti?

Ich höre ein Auto,
ich laufe hinaus.
Ich seh die Mutti,
grad steigt sie aus.

Sie lacht mich an,
ich renn auf sie zu.
Endlich -
jetzt ist sie da.

Ulrike Diederich
aus:
Diözesanverband für das Erzbistum Köln e.V. (Hrsg.),
2. Sozialpädagogische Werkwoche „Kreativität" – Dokumentation 2.2. – 6.2.87

Nähe suchen – Nähe finden _____ **m7**

Das Spieltelefon und andere Hilfen für sprechgehemmte Kinder

Es bedarf einer behutsamen Annäherung von seiten des Erwachsenen, um Annäherung von seiten des Kindes zu erwirken.
Der folgende Bericht macht aufmerksam auf einzelne Kinder in der eigenen Gruppe, die sicherlich der Ermutigung und Sprechmotivation bedürfen, um sie stärker in die Gemeinschaft hineinzuholen.
Sprechgehemmte Kinder sind einsame Kinder, sie entfernen sich innerlich von der Gemeinschaft.

Bericht

Sicher hat schon mancher Pädagoge erlebt, wie schwierig es ist, ein gehemmtes Kind zum Sprechen zu bringen.

Mit solchen Kindern muß sehr behutsam umgegangen werden. Besonders, wenn es sich um eine schwere neurotische (z.B. Stottern) oder psychogene (z.B. Mutismus = „freiwilliges Schweigen") Störung der Rede handelt. In solchen Fällen ist es sicher notwendig, mit der Logopädin Kontakt aufzunehmen.

Sie wird nach der Erstellung der Diagnose, im Teamwork zwischen Eltern und Erzieherin, die Ursachen dieser Verhaltensauffälligkeit klären und spezielle Hilfen anbieten. Dabei ist jedes Kind individuell zu betreuen und ein generelles Konzept kaum möglich.

Ist die Ursache der Sprechhemmung eine Sprechstörung (z.B. Lautfehler u.a.), dann muß eine Therapie zur Behebung dieser Störung rechtzeitig durchgeführt werden.

Bei einer individuellen, gut motivierten logopädischen Behandlung kann die Sprechhemmung oft rasch abgebaut werden.

Wichtig ist, daß sich alle Personen dem Kind gegenüber richtig verhalten.

Dazu einige Hinweise:

– Kindern mit Sprechangst oder Sprechfurcht soll man vorerst Zeit lassen.

– Keine Sprache erzwingen.

– Das Kind annehmen, so wie es ist; auch vor der ganzen Gruppe.

– Dem Kind Erfolgserlebnisse in anderen Bildungs- und Beschäftigungsbereichen (z.B. Zeichnen, Werken ...) ermöglichen.

– Nonverbale Kontakte schaffen: z.B. Spiel mit Fingerpuppen; durch tägliche, kleine Aufgaben (Blumenbetreuung ...).

– Kontakt erst mit einer Person ermöglichen (Kind selbst wählen lassen). Wenn es die Belastungsphase des Kindes erlaubt, den Personenkreis erweitern.

– Das Kind soll nie überfordert, aber auch nicht „vergessen" werden.

Im Kindergarten gibt es viele Hilfen und Möglichkeiten zur Sprechmotivation und Sprechanbahnung, z.B. Bilderbuch, Handpuppenspiel, Musik und Bewegung oder ein Spieltelefon.

Wenn die erste Vertrauensbasis zwischen der Logopädin und dem Kind vorhanden ist, verwende ich manchmal das Spieltelefon zur Sprechbereitschaft und Sprechanbahnung.

Wie man am Foto erkennen kann, macht meiner kleinen Patientin das Telefonieren großen Spaß. Wir sind nicht ganz nahe, aber doch in Verbindung!

Rosina Lehner
aus:
UNSERE KINDER, Fachzeitschrift für Kindergarten- und Kleinkindpädagogik, Heft 4/86
a.a.O.

Nähe suchen – Nähe finden

Einander führen

gG

Die Erzieherin versammelt die Kinder an einer geeigneten Stelle im Gartengelände. Sie entfernt sich ein Stück von den Kindern und ruft jedes einzeln zu sich. Das gerufene Kind schließt die Augen und geht auf die Erzieherin zu.

Haben die Kinder auf diese Weise gespürt, wie schwer es ihnen fällt, „blind" zu gehen, werden sie sich sicher auch gerne führen lassen. Vielleicht läßt sich die Erzieherin als erste die Augen verbinden und von einem Kind durchs Gartengelände führen.
Dann tun sich je zwei Kinder zusammen, das eine führt behutsam und umsichtig, das andere ist ganz Ohr, ganz Nase, ganz Fuß und läßt sich vertrauensvoll führen. Die beiden erzählen einander dabei, was sie erleben.

Nur Summen

gG

An einem warmen Sommertag, wenn der Rasen zum Lagern einlädt, versammelt die Erzieherin eine kleine Gruppe von Kindern auf einer geeigneten Rasenfläche. Alle legen sich, die Köpfe eng beieinander, sternförmig hin, entspannen sich, schließen die Augen. Alle summen, jeder findet seinen Ton, dabei ergeben verschiedene Töne eine Harmonie. Die Kinder sind ganz Gefühl und spüren harmonische Gemeinschaft. (Etwa zehn Minuten – nur Summen.)

Waschstraße

gGg

Die Kinder bilden einen Gang. Ein Kind meldet sich freiwillig und sagt: Ich bin ein blauer Kabrio (eine gelbe Ente, ein großer Brummer ...) und möchte ganz vorsichtig (mittelkräftig, ganz tüchtig ...) gewaschen werden, und auch noch getrocknet. Das Kind geht nun langsam und leicht gebeugt durch die „Waschstraße". Alle Kinder reiben es ganz vorsichtig (mittelkräftig, ganz tüchtig) und pusten kräftig beim zweiten Durchgang.

R. Lehner: „Wie man am Foto erkennen kann, macht meiner kleinen Patientin das Telefonieren großen Spaß. Wir sind nicht ganz nahe, aber doch in Verbindung."

Nähe suchen – Nähe finden   m7

Rhythmikstunde:
Komm, komm, tanz mit mir

Vorbereitung

- Alle Kinder einer Gruppe sammeln sich um die Erzieherin, dabei stehen alle sehr nah beieinander. Einzelne Kinder werden aufgefordert, sich soweit als möglich von der Gruppe zu entfernen. Auf ein vereinbartes Signal hin suchen alle Kinder den Platz im Raum, wo sie am weitesten von der Erzieherin entfernt sind.

- Die Kinder beschreiben, was sich in ihrer Nähe befindet (Wände, Vorhänge, Stühle usw.) und was in der Ferne zu sehen ist (Blick durchs Fenster).

- Die Kinder verteilen sich im Raum und markieren dabei ihren Platz mit einem formbaren Material (Bleiband, Baumwollkordel). Sie stellen gemeinsam fest, ob die Abstände zu eng (nah) oder zu weit (fern) sind, und gleichen die Abstände entsprechend aus. Sie sitzen an ihrem Platz und hören auf Geräusche, die nah und fern zu hören sind (Stimmen, Türschließen, Vogelgezwitscher, Flugzeug).

- Die Kinder hören mit geschlossenen Augen auf den stärker und schwächer werdenden Klang eines Beckens, das von einem herumgehenden Kind angeschlagen wird.

- Ein Kind verläßt seinen Platz (Spielhandlung!), entfernt sich dabei von seinen unmittelbaren Nachbarn und kommt an seinen Platz zurück.

- Kinder benennen, mit geschlossenen Augen am Platz sitzend, wer oder was sich in ihrer Nähe, was sich entfernt von ihnen befindet.

Vorübung zum Kindertanz

Je zwei Kinder gehen mit Handfassung kreuz und quer durch den Raum. Auf ein vereinbartes Signal hin trennen sie sich und gehen allein weiter, dabei sollten sie sich möglichst weit voneinander entfernen. Wird das Signal wiederholt, so treffen sich die Paare wieder.

Die Erzieherin singt den A-Teil der Tanzmelodie vor, die Paare versuchen, sich textentsprechend zu bewegen.

A-Teil, 8 Takte =   8 Gehschritte mit Handfassung, stehen bleiben und sich einander zuwenden (2 Takte),
im Textrhythmus entweder in die eigenen Hände oder gegen die des Partners klatschen (1 Takt),
dann stampfen (1 Takt),
8 Gehschritte mit Handfassung durch den Raum, Handfassung lösen, eine Drehung am Platz machen, verabschieden (2 Takte).

Die Erzieherin singt den B-Teil der Tanzmelodie, die Kinder gehen einzeln ihre eigenen Wege durch den Raum, gegen Ende des B-Teils versuchen sie, ihren Partner zu treffen und mit ihm den A-Teil zu wiederholen.

B-Teil, 8 Takte = 32 Gehschritte frei im Raum (nicht zählen, sondern auf Melodie und Text hören!), die letzten Schritte auf den Partner zu.

Während im A-Teil der Tanzmelodie die Partner einander nahe sind, sollen sie im B-Teil bewußt das „Fern-Sein" voneinander räumlich und zeitlich erleben.

Bei zunehmender Sicherheit im Bewegungsablauf dieser dreiteiligen Form können durchaus auch neue Partner gewählt werden. Ebenso ist es denkbar, daß bei einer entsprechenden Gelegenheit nicht nur Kinder die Paare bilden, sondern z.B. Mütter oder Väter mit ihren Kindern, in deren Alltagssituation das „Sich-nah-sein" oder das Gegenteil eine große Rolle spielt.

Christel Neuhäuser-Jentges

Komm, komm, tanz mit mir

Text und Melodie: Christel Neuhäuser-Jentges

Nähe suchen – Nähe finden ⎯⎯⎯⎯⎯⎯⎯⎯⎯⎯⎯⎯⎯⎯⎯⎯⎯⎯⎯⎯⎯⎯⎯⎯⎯⎯⎯⎯⎯⎯ **m7**

Berühren

Material:
verschiedene Gegenstände in einem Körbchen, z.B. Bürste, weiches Tuch, Vogelfeder, Bleistift, Stein ...

EP

Spielanregung:
Zwei Kinder sitzen zusammen. Ein Kind nimmt immer einen Gegenstand aus dem Körbchen und berührt behutsam mit ihm das andere Kind. Dieses rät – bei geschlossenen Augen – mit welchem Gegenstand seine Handfläche berührt wurde.

Tierkinder suchen ihre Mutter

Material:
zwei Kartensätze (Tierquartette): Muttertiere und Jungtiere (ausgewählt werden Tiere, die den Kindern vertraut sind, deren Laute sie kennen und imitieren können).

gGg

Spielanregung:
Die Kinder sitzen im Kreis. Die Erzieherin mischt die Karten und verteilt sie an die Kinder. Die Kinder schauen sich die Karten an. Die Erzieherin sagt: Die Kinder, die ein Tierkind auf ihrer Karte haben, stehen auf, laufen herum und rufen wie das kleine Tierkind, wenn es nach seiner Mutter ruft. – Die Kinder, die ein Muttertier auf ihrer Karte haben, versuchen das Tierkind an der Stimme zu erkennen und suchen es. Auch sie dürfen rufen.
Wenn die beiden, die zueinander gehören, sich gefunden haben, umarmen sie sich vielleicht.
Das Spiel kann mehrmals wiederholt werden.

Wer kommt dem Stock am nächsten?

Material:
Augenbinden

gG

Spielanregung:
An einem Ende des Gartens wird ein Stock in den Rasen gesteckt. Die Kinder zählen ihre Schritte bis zum Startpunkt.
Einem Kind nach dem anderen werden die Augen verbunden. Jedes versucht nun, in Richtung Stock die entsprechenden Schritte zu gehen und bleibt stehen. Wer ist dem Stock am nächsten gekommen?

Nähe suchen – Nähe finden

Das Versteckenspielen gehörte schon immer zu den beliebtesten Spielen der Kinder. Dieses Spiel lebt von der Spannung suchen – finden und sich verstecken – gefunden werden.

Irgendwo steckt in uns die Sehnsucht, andere Menschen zu suchen und zu finden oder von anderen Menschen gesucht und gefunden zu werden. Es ist ein Spiel von Ferne und Nähe.

„Sucht mich, sucht mich!"
hab ich gerufen,
und ich hab mich versteckt
hinter der Tonne im Hof.

Alle laufen vorbei.
„Hallo, hallo, wo bist du?"
Als wäre ich nicht mehr da,
als wäre ich gar nicht mehr da.

Ich habe Angst.
Da kommen sie endlich
und finden mich!
Ich bin wieder da
bei den anderen.

Ursula Wölfel
aus:
Winzige Geschichten
Verlag Hoch, Stuttgart 1986

Bettina Wölfel

Abzählverse

Zicke, zacke, zinken
ich werd' winken.
Wer am besten rennen kann,
der fängt an.

Da droben auf dem Berge,
da tanzen zwei Zwerge,
die sind winzig klein,
und du mußt sein!

Trennung überwinden — **m8**

Märchen:
Jorinde und Joringel

In einem alten Schloß mitten im dichten Wald wohnt eine Zauberin. Sie bannt jeden, der auf hundert Schritte herankommt und verwandelt junge Mädchen in Vögel.

Jorinde und Joringel, die einander lieben, verirren sich in die Nähe des Schlosses. Die Zauberin verwandelt Jorinde in eine Nachtigall und entführt sie. Joringel erstarrt, bis die Zauberin ihn befreit. Wie er auch bittet und weint, seine Jorinde solle er nie wiedersehen. Lange Zeit hütet er Schafe und geht oft um das Schloß herum. Eines Tages träumt er, „er fände eine blutrote Blume, in deren Mitte eine schöne große Perle war ... und alles, was er mit der Blume berührte, ward von der Zauberei frei." Er sucht diese Blume und findet sie. Er trägt sie zum Schloß und erlöst seine Jorinde.

„Jorinde und Joringel" ist kein eigentliches Märchen für Kinder. In feiner, bildhafter Sprache erzählt es – verdichtet – von Erfahrungen Liebender, deutlich im Nebeneinander von Nahsein und Fernsein, Klarheit und Geheimnis umschließend.

Das Märchen bringt Erwachsenenwelt vor Kindern zur Sprache, was Kinder an ihren Eltern oder anderen erspürt haben; was noch vor ihnen liegt, wird durchscheinend:

Im Nahsein sind Liebende glücklich und traurig zugleich. Die Trennung bedeutet Schmerz. In der Ferne sieht Joringel im Traum eine Blume, durch die die Nähe mit Jorinde wieder möglich werden soll. Gestärkt vom Traum, sucht er unaufhörlich danach. Am frühen Morgen des neunten Tages findet er endlich diese blutrote Blume, „in der Mitte ein großer Tautropfen, so groß wie die schönste Perle." Befreiung Jorindes geschieht durch Berührtwerden mit dieser wunderbaren Blume, Symbol der Liebe, die durchhält, ohne aufzugeben. Der Tautropfen wächst wie die Perle im Dunkel, ist gleichsam Geschenk der Nacht an den Tag. Für Jorinde wird er zum Zeichen des Anbruchs einer lichtvollen neuen Zeit. Die Macht der Erzzauberin wird gebrochen.

Jorinde und Joringel sind in und durch Bewährung beschenkt und befreit und darin letztlich im Miteinander glücklich. Auch kleine Kinder werden dieses Märchen gerne hören. Empfindungen und Gefühle, die darin zum Ausdruck kommen, gehören zum Leben der Kinder. In der Ambivalenz der Märchenbilder wird den Kindern hoffnungsvoller Lebensentwurf aufgezeigt.

Um die originale Märchensprache in ihrer Bilderfülle und Poesie zu erhalten, wurden nur geringfügige Textveränderungen vorgenommen.

Ambivalente Empfindungen und Gefühle im Märchen:

jung sein	– alt sein
schön sein	– häßlich sein
verliebt sein	– allein sein
miteinander verbunden sein	– voneinander getrennt sein
glücklich sein	– traurig sein, Sehnsucht haben
tief betrübt sein	– hocherfreut sein
erschrocken sein	– mutig sein
verwandelt, gefangen sein	– verwandelt, erlöst sein
gebannt, versteinert sein	– wieder befreit sein
ohnmächtig sein	– mächtig sein
ratlos sein	– zielbewußt sein
fremd sein	– zu Hause sein

Bewährung und Lebensbewältigung im Märchen:

die Fremde auf sich nehmen
lange Zeit einer Sache nachgehen
Träume haben
Hoffnung haben
lange Zeit suchen
nicht aufgeben, durchhalten
mit allen Sinnen wahrnehmen, horchen
sich nicht beirren lassen
gut beobachten
rasch handeln

Trennung überwinden

Das Märchen „Jorinde und Joringel" braucht Zeit, damit seine vielen Bilder in den Kindern wirken und sich entfalten können. Einzelne Bilder sind ja bereits vorbereitet und gegenwärtig:
Betrachtung einer Blume,
das frische Grün, das uns im Frühsommer umgibt,
daß zwischenmenschliche Nähe etwas Schönes ist und glücklich macht,
daß das Fernsein von Menschen, die wir liebhaben, uns tieftraurig machen kann,
auch das Bild eines Vogels im Käfig ist den Kindern wohl bekannt.
Weitere Bilder sind den Kindern aus anderen Märchen bereits vertraut, oder es kann vorbereitend oder nachbereitend auf sie eingegangen werden, z.B. bei einer bildnerischen Arbeit oder durch Kreisspiele.

Mit der folgenden knappen Analyse wichtiger Bilder wird vieles im Märchen durchsichtiger und gewinnt an Bedeutung. Dem Erzähler wird es leichter, selbst einen Bezug zum Märchen und seiner Wirkung und Aussage zu finden, denn es fällt uns heute schwer, in solchen Bildern zu denken und zu sprechen.

Bilder im Märchen sind:

- Das Schloß im dichten Wald – *vom Dunkel umfangenes, prächtiges Gebäude*
- Die alte Frau als Erzzauberin – *eine besonders mächtige Zauberin*
- Katze und Nachteule am Tage – *Hexensymbole*
- Der magische Kreis – hundert Schritte – *ein Bannkreis*
- Die Verwandlung junger Mädchen in Nachtigallen – *in Vögel der Dämmerung – „die Nachtigall singt ihre Weise klagend und leise ..."*
- Die Käfige – *Zeichen für Gefangensein und Isolation*
- Die untergehende Sonne – *Zeichen anbrechender Dunkelheit*
- Die Turteltaube – *Zeichen der Liebe*
- Die „Weise von Liebe und Tod" – *Ankündigung des Leids*
- Die glühenden Augen der Nachteule – *vermitteln Unheimlichkeit, die Eule kündet vom Tod*
- Das „Möndel" – *Mond als Zeichen für die Nacht*
- Die Fremde – *Zeit der Bewährung*
- Schafe hüten – *einer Sache nachgehen, Zeit haben zum Nachsinnen*
- Der Traum – *Verheißung einer Vision, Hoffnungsbild, gestärkt aufwachen*
- Die blutrote Blume – *Zeichen lebendiger Liebe*
- Perle und Tautropfen – *Geschenk der Nacht an den Tag*
- Durch Berg und Tal gehen – *durch Höhen und Tiefen gehen*
- Tag und Nacht gehen – *ohne Unterbrechung gehen*
- Am neunten Tag finden – *die Zahl neun ist mit der Stufe der Erlösung verbunden*

Trennung überwinden m8

Jorinde und Joringel

Es war einmal ein altes Schloß mitten in einem großen dichten Wald, darinnen wohnte eine alte Frau ganz allein, das war eine Erzzauberin.

Am Tage machte sie sich zur Katze oder zur Nachteule, des Abends wurde sie wieder ordentlich wie ein Mensch gestaltet.

Sie konnte das Wild und die Vögel herbeilocken, und dann schlachtete sie 's, kochte und briet es.

Wenn jemand auf hundert Schritte dem Schloß nahe kam, so mußte er stille stehen und konnte sich nicht von der Stelle bewegen, bis sie ihn lossprach. Wenn aber ein junges Mädchen in diesen Kreis kam, so verwandelte die Zauberin das Mädchen in einen Vogel und sperrte es dann in einen Korb ein und trug den Korb in einen Saal des Schlosses. Sie hatte wohl siebentausend solcher Körbe mit solchen Vögeln im Schlosse.

Nun war einmal ein junges Mädchen, das hieß Jorinde. Sie war schöner als alle anderen Mädchen. Jorinde und dann ein gar schöner junger Mann, namens Joringel, hatten sich zusammen versprochen. Bald sollte die Hochzeit sein, und sie hatten große Freude eins am andern.

Damit sie nun einmal vertraut zusammen reden könnten, gingen sie in den Wald spazieren.

„Hüte dich", sagte Joringel, „daß du nicht so nahe ans Schloß kommst." Es war ein schöner Abend, die Sonne schien zwischen den Stämmen der Bäume hell ins dunkle Grün des Waldes, und die Turteltaube sang kläglich auf den alten Maibuchen.

Jorinde weinte zuweilen, setzte sich hin im Sonnenschein und klagte; Joringel klagte auch. Sie waren bestürzt, als wenn sie hätten sterben sollen: Sie sahen sich um, waren verwirrt und wußten nicht, wohin sie nach Hause gehen sollten.

Noch halb stand die Sonne über dem Berg und halb war sie unter. Joringel sah durchs Gebüsch und sah die alte Mauer des Schlosses nah bei sich; er erschrak und wurde todbang. Jorinde sang:

„Mein Vöglein mit dem Ringlein rot
singt Leide, Leide, Leide:
Es singt dem Täublein seinen Tod,
singt Leide, Lei – zucküth, ziküth, ziküth."

Joringel sah nach Jorinde. Jorinde war in eine Nachtigall verwandelt, die sang: „Ziküth, ziküth." Eine Nachteule mit glühenden Augen flog dreimal um sie herum und schrie dreimal: „Schu, hu, hu, hu."

Joringel konnte sich nicht regen: Er stand da wie ein Stein, konnte nicht weinen, nicht reden, nicht Hand noch Fuß regen.

Nun war die Sonne unter. Die Eule flog in einen Strauch, und gleich darauf kam eine alte krumme Frau aus diesem hervor, gelb und mager, große rote Augen, krumme Nase, die mit der Spitze ans Kinn reichte. Sie murmelte, fing die Nachtigall und trug sie auf der Hand fort.

Joringel konnte nichts sagen, nicht von der Stelle kommen, die Nachtigall war fort.

Endlich kam die Zauberin wieder und sagte mit dumpfer Stimme: „Grüß dich, Zachiel, wenn's Möndel ins Körbel scheint, bind los, Zachiel, zu guter Stund."

Da wurde Joringel los. Er fiel vor der Zauberin auf die Knie und bat, sie möchte ihm seine Jorinde wiedergeben. Aber sie sagte, er sollte sie nie wiederhaben, und ging fort. Er rief, weinte, er jammerte, aber alles umsonst. „Uu, was soll mir geschehen?"

Joringel ging fort und kam endlich in ein fremdes Dorf. Da hütete er die Schafe lange Zeit. Oft ging er rund um das Schloß herum, aber nicht zu nahe heran.

Endlich träumte er einmal des Nachts, er fände eine blutrote Blume, in deren Mitte eine schöne große Perle war. Die Blume brach er ab, ging damit zum Schlosse und alles, was er mit der Blume berührte, ward von der Zauberei frei. Auch träumte er, er hätte seine Jorinde dadurch wiederbekommen.

Des Morgens, als er erwachte, fing er an, durch Berg und Tal zu suchen, ob er eine solche Blume fände. Er suchte bis an den neunten Tag, da fand er die blutrote Blume am Morgen früh. In der Mitte war ein großer Tautropfen, so groß wie die schönste Perle.

Diese Blume trug er Tag und Nacht bis zum Schloß. Wie er auf hundert Schritt nahe bis zum Schloß kam, da war er nicht fest, sondern ging fort bis ans Tor. Joringel freute sich hoch, berührte die Pforte mit der Blume, und sie sprang auf. Er ging hinein, durch den Hof, horchte, wo er die vielen Vögel vernähme. Endlich hörte er's.
Er ging und fand den Saal, dort war die Zauberin und fütterte die Vögel in den siebentausend Körben. Wie sie den Joringel sah, ward sie bös, sehr bös, schalt, spie Gift und Galle gegen ihn aus, aber sie konnte auf zwei Schritte nicht an ihn herankommen. Er kümmerte sich nicht um sie und ging, er besah die Körbe mit den Vögeln. Da waren aber viele hundert Nachtigallen, wie sollte er nun seine Jorinde wiederfinden?
Indem er so zusah, merkte er, daß die Alte heimlich ein Körbchen mit einem Vogel wegnahm und damit zur Tür ging.
Flugs sprang er hinzu, berührte das Körbchen mit der Blume und auch die Alte. Nun konnte sie nichts mehr zaubern, und Jorinde stand da, hatte ihn um den Hals gefaßt, so schön, wie sie ehemals war.
Da machte er auch alle anderen Vögel wieder zu Mädchen.

Und da ging er mit seiner Jorinde nach Hause, und sie lebten lange vergnügt zusammen.

Grimm Nr. 69

Träume können Mauern öffnen,
Menschenherzen, Blumenkelche.
Träume, irgendwelche. (Gedichtauszug)

Eva Rechlin

Trennung überwinden _____ **m8**

Die Kinder brauchen die Gelegenheit, sich spielerisch-gestalterisch mit dem Märchen auseinanderzusetzen und seine Inhalte zu verarbeiten.

Erzählen und Darstellen

Wiederholendes Erzählen des Märchens und gleichzeitige darstellende Entwicklung auf der Flanelltafel mit einfachen Figuren:

Stehende Bilder:
Schloß mit Tor
Bäume als Wald
Berge und Täler

Bewegliche Figuren:
Jorinde
Joringel
Turteltaube
Sonne
Nachtigall
Eule
Mond
Zauberin
Schafe
rote Blume mit Perle
Käfig

Bilder und Figuren aus farbigem Filz ausschneiden und mit Haftstreifen versehen, um sie als stehende Bilder oder bewegliche Figuren einsetzen zu können.

Zunächst nur das Schloß und die Bäume an der Tafel anbringen und dann den einleitenden Text des Märchens vortragen.
Das eigentliche Märchen erzählen und – das Erzählen unterbrechend – mit den beweglichen Figuren darstellen. Berge und Täler können leicht mit Wollfäden gelegt werden.
Diese anschauliche Form der Darbietung – Erzählen und Darstellen – gibt den Kindern

Zeit, die Inhalte zu verarbeiten und Wort und Handlung als Einheit zu erleben. Der Inhalt des Märchens wird den Kindern so besser zu eigen.
Durch die Einfachheit der figürlichen Darstellung bleibt der Phantasie der Kinder ein weiter Spielraum, denn das Märchen trägt in sich eine große Vielfarbigkeit.

m8   *Trennung überwinden*

Bewegungsspiel:
Sich frei bewegen, wie versteinert sein

Erzieherin und Kinder erinnern einander, wie Jorinde und Joringel dem Schloß zu nahe kommen. Jorinde wird in eine Nachtigall verwandelt.
Joringel kann sich nicht bewegen. Er steht da wie ein Stein, er kann nicht Hand noch Fuß regen.

Vielleicht fragen die Kinder selber, wie sie spielen können, plötzlich regungslos zu sein.

Eine Spielanregung:
Die Erzieherin holt drei Klangerzeuger: den größten Klangstab von einem Xylophon (tiefster Ton), die größte Handtrommel, eine Kastagnette – und zusätzlich noch ein Glöckchen.
Sie teilt die Kinder in drei Gruppen und ordnet jeder Gruppe ein Instument zu; die erste Gruppe hört nur auf das Ertönen des Xylophonstabes, die zweite Gruppe auf den Trommelschlag und die dritte auf das Klappern der Kastagnette.
Die Kinder bewegen sich zu einer geeigneten Musik frei im Raum. Sie gehen, hüpfen, drehen sich, tanzen – allein oder zu zweit – rollen sich am Boden ... Die Erzieherin läßt abwechselnd einen der drei Klangerzeuger ertönen, die Kinder der entsprechenden Gruppe verhalten sich wie versteinert – bis das erlösende Glöckchen ertönt.

Spiellied:
Gefangen ist ein Vögelein
                                               Text und Melodie: volkstümlich   *Textbearbeitung: Christine Vorholt*

Kinder: 1. Ge-fan-gen ist ein Vö-ge-lein und möch-te gern hin-aus, doch kei-nes will an sei-ner Stell ge-fan-gen sein im Haus.

        Vögelein: 2. O bitte schön, o bitte schön,
                               laß mich doch endlich raus!
        Kinder: O bitte schön, o bitte schön,
                               so hüpf doch hier hinaus!

        Kinder: 3. O Vögelein, so fliege nun
                               um unsern Kreis herum.
                               O Vögelein, so fliege nun
                               um unsern Kreis herum.

Spielanregung:
Die Kinder stehen im Kreis, fassen sich an den Händen und bilden einen eng geschlossenen Kreis. Ein Kind hockt als „gefangenes Vögelein" im „Käfig". Die Kinder strecken die Arme empor und singen. Wenn die Kinder in der 2.Strophe singen: „O bitte schön, o bitte schön, so hüpf doch hier hinaus", lassen die Kinder das Vöglein dort, wo es möchte, hinaus. Bei der 3.Strophe schwirrt das Vöglein um den Kreis herum und tippt zum Schluß ein Kind an, das nun als gefangenes Vöglein in den Käfig geht, und nimmt dessen Platz ein.

Trennung überwinden — m8

Szenen des Märchens, geeignet zur bildnerischen Darstellung

- Jorinde und Joringel gehen im Wald spazieren. Im Baum sitzt eine Turteltaube. Die Sonne ist schon halb untergegangen.
- Jorinde ist in eine Nachtigall verwandelt. Eine Eule mit glühenden Augen fliegt um sie herum. Joringel steht versteinert da.
- Die Zauberin trägt auf der Hand die Nachtigall zum Schloß. Die Mondsichel ist zu sehen.
- Joringel zieht mit Schafen in weitem Bogen um das Schloß.
- Joringel hat einen Traum: Er träumt von einer blutroten Blume mit einer Perle darin …
- Joringel geht durch Berg und Tal und sucht die Blume.
- Joringel berührt mit der Blume das Tor zum Schloß, das Tor ist schon ein Stückchen aufgesprungen.
- Im Saal gibt es viele Körbe mit Vögeln darin.
- Joringel berührt mit der Blume ein Körbchen, das die Zauberin heimlich wegtragen will.
- Jorinde und Joringel gehen glücklich nach Hause.

m8 — **Trennung überwinden**

Einen Ausflug machen ────────────────────────────────────── **m9**

Geschichte:
Kater Mumpf trägt keine Badehose

Alle sind in Urlaub gefahren. Auch Tipsy möchte fort, ans Meer. Tante Josefin macht sich spontan mit Tipsy und dem Kater Mumpf auf den Weg – per Fahrrad ins Schwimmbad Frohgemut.

Die Geschichte nimmt uns hinein in die Aufbruchsstimmung eines Ferientages. Sie will fröhlich vorgetragen sein an einem Tag, der so recht geeignet ist, von den Ferien, vom Urlaub zu träumen!

Einleitend sollten die Kinder kurz hören, daß die Geschichte von Tipsy (einem kleinen Mädchen), von Tante Josefin, vom Kater Mumpf und vom Sommer erzählt.

Kater Mumpf trägt keine Badehose

„Alle sind fort", sagt Tipsy.
Tante Josefin wirft einen Pfannkuchen in die Luft.
„Wer?" fragt sie.
„Die Leute", antwortet Tipsy.
„Wo sind sie denn?" will Tante Josefin wissen.
„Sie sind in Urlaub gefahren", erklärt Tipsy. „Der Schupo an der Ecke, die Blumenliese und sogar der Zeitungsjunge."
Tante Josefin denkt nach.
„Wollt ihr auch verreisen?" fragt sie, als sie nachher am Tisch sitzen.
Der Kater Mumpf gähnt. Er stellt sich das anstrengend vor. Tipsy aber kriegt große Augen.
„Ja!" ruft sie. „Ich will ans Meer! Wie ist das Meer?"
Tante Josefin schließt die Augen und stellt sich das Meer vor.
„Also", beginnt sie, „es ist groß und besteht aus Wasser. In dem Wasser ist Salz."
„Ist es schön?" will Tipsy wissen.
„Sehr", nickt Tante Josefin.
„Aber wie kommen wir hin?" überlegt Tipsy.
Da fällt Tante Josefin das alte Fahrrad ein. Sie gehen in den Keller und schauen es an. Sehr schön ist es nicht mehr.
„Aber es ist ein Fahrrad!" sagt Tante Josefin.
Und das stimmt. Sie packen ihre Sachen ein. Tante Josefin näht noch schnell eine Badehose für den Kater Mumpf: rot mit weißen Streifen. Dann pumpen sie das Vorderrad und das Hinterrad auf und fahren los. Mumpf sitzt in einem Körbchen, das an der Lenkstange hängt, und Tipsy auf dem Gepäckträger. Tante Josefin fährt im Zickzack. Das liegt daran, daß sie lange nicht gefahren ist. Außerdem muß sie mit einer Hand ihren großen Hut festhalten.
Tipsy singt. Nach fünf Minuten halten sie an und pumpen neue Luft in die Reifen.
„Na ja!" sagt Tante Josefin.
„Wie weit ist es zum Meer?" fragt Tipsy, nachdem sie während der nächsten zehn Minuten noch dreimal Luft aufgepumpt haben.
„Ich fürchte, es ist noch weit", meint Tante Josefin.
„Wir können ja auch in die Berge fahren", schlägt Tipsy vor.
Tante Josefin nickt.
„Aber das ist noch viel weiter", sagt sie dann.
„Die Heide ist auch hübsch", grübelt Tipsy.
Aber eben in dem Augenblick sehen sie das Schild: „Schwimmbad Frohgemut" steht da.

Kurz entschlossen steuern sie darauf zu.
Im Schwimmbad ist das Wasser blau. Es riecht nach Sonnenöl. Alle Leute freuen sich. Da freuen sich Tipsy und Tante Josefin auch. Was macht es schon aus, daß Mumpf seine Badehose nicht anziehen will! Tipsy platscht fröhlich im Wasser herum. Sie liegt in der Sonne, und wünscht sie Schatten, so setzt sie sich unter Tante Josefins großen Hut.
„Manchmal ist man so glücklich", seufzt Tipsy, „daß einem nichts mehr fehlt als ein rotes Lutschbonbon!"

Tante Josefin will nicht, daß Tipsy etwas fehlt. Sie kauft ihr ein Lutschbonbon, das rot ist wie Feuer. Träge verrinnt die Zeit.
„Es war so schön", sagt Tipsy am Abend. „War es wie am Meer?"
„Genau!" antwortet Tante Josefin. „Nur ein bißchen kleiner und nicht so salzig."

Gina Ruck-Pauquèt
aus:
Tipsy macht den Goldfisch glücklich
Verlag G. Bitter, Recklinghausen 1969

Gestaltungsanregung: Ich träume vom Meer

Tipsy fragt Tante Josefin: „Wie ist das Meer?" Tante Josefin schließt die Augen und stellt sich das Meer vor. „Ist es schön?" will Tipsy wissen. „Sehr", nickt Tante Josefin.

Die Erzieherin regt die Kinder an, die Augen zu schließen und sich vorzustellen, wie schön es ist am Meer:

> das weite Meer
> in der Ferne ziehen Schiffe
> der blaue Himmel
> Möwen fliegen und rufen
> die warme Sonne
> der leichte Wind
> der weiche weiße Sand
> Steine und Muscheln
> große und kleine Leute am Strand
> sie spielen
> und schwimmen
> und liegen in der Sonne ...

Die Erzieherin läßt die Kinder, die es möchten, zum Thema „Ich träume vom Meer" ein Bild malen.

Einen Ausflug machen   m9

Der Sommer ist da!

Text: Christine Vorholt Melodie: Hubertus Vorholt

1. Der Sommer ist kommen, der Sommer ist da! Wir freuen uns alle, juchheirassassa!

2. Es singen die Amseln
von fern und von nah!
Wir freuen uns alle,
juchheirassassa!

3. Es duften die Blumen
von fern und von nah!
Wir freuen uns alle,
juchheirassassa!

4. Es leuchten die Kirschen
von fern und nah!
Wir freuen uns alle,
juchheirassassa!

5. Es summen die Bienen
von fern und nah!
Wir freuen uns alle,
juchheirassassa!

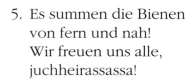
6. Es gurren die Tauben
von fern und von nah!
Wir freuen uns alle,
juchheirassassa!

7. Es quaken die Frösche
von fern und von nah!
Wir freuen uns alle,
juchheirassassa!

8. Es zirpen die Grillen
von fern und von nah!
Wir freuen uns alle,
juchheirassassa!

9. Es wehen die Winde
von fern und von nah!
Wir freuen uns alle,
juchheirassassa!

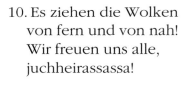
10. Es ziehen die Wolken
von fern und von nah!
Wir freuen uns alle,
juchheirassassa!

11. Es rauschen die Wasser
von fern und von nah!
Wir freuen uns alle,
juchheirassassa!

12. Es locken die Berge
von fern und von nah!
Wir freuen uns alle,
juchheirassassa!

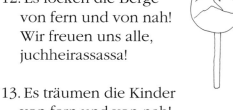
13. Es träumen die Kinder
von fern und von nah!
Der Sommer ist kommen,
der Sommer ist da!.

Was ich teilen kann

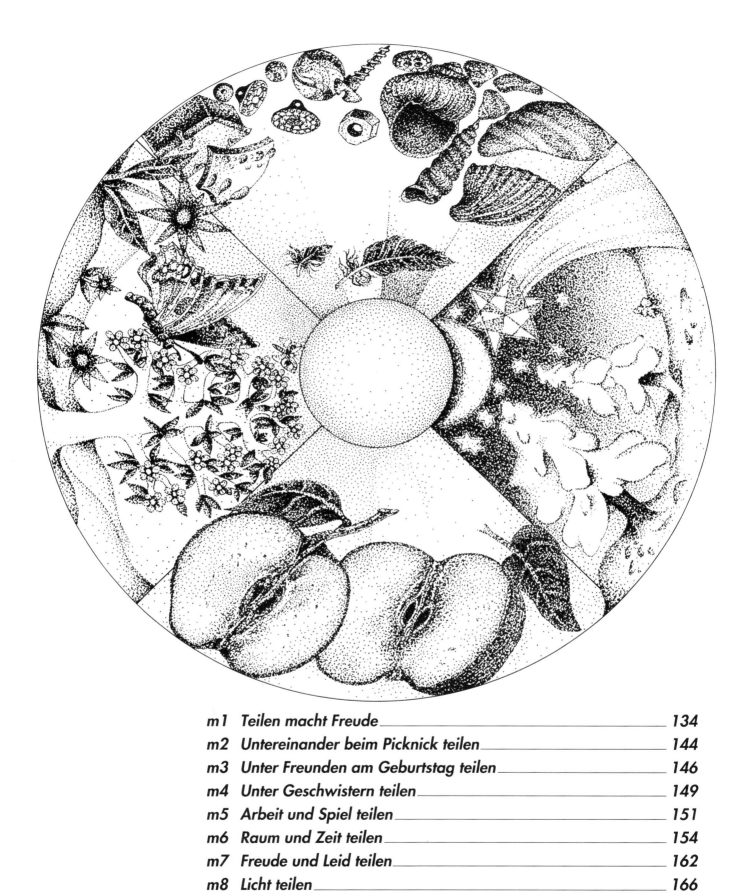

m1	Teilen macht Freude	134
m2	Untereinander beim Picknick teilen	144
m3	Unter Freunden am Geburtstag teilen	146
m4	Unter Geschwistern teilen	149
m5	Arbeit und Spiel teilen	151
m6	Raum und Zeit teilen	154
m7	Freude und Leid teilen	162
m8	Licht teilen	166
m9	Vorbilder des Teilens	174

Was ich teilen kann

wir teilen

wir teilen wir teilen
teilen die äpfel aus
wir teilen wir teilen
garten und haus
wir teilen freud und leid
wir teilen bett und kleid

wir teilen wir teilen
hunger und not
wir teilen wir teilen
wasser und brot
wir teilen das letzte stück
teilen trauer glück

wir teilen wir teilen
teilen die äpfel aus
wir teilen wir teilen
garten und haus
wir teilen erde meer
uns fällt das teilen schwer

Wilhelm Willms
aus:
meine schritte kreisen um die mitte
neues lied im alten land
Verlag Butzon & Bercker, Kevelaer 1984

Was ich teilen kann

Erfahrungsfeld der Kinder

Unser Leben beginnt mit einer totalen Hilflosigkeit, angewiesen auf das, was uns zuteil wird, und dadurch geprägt, wie es uns zuteil wird.
Die Erfahrungen der Kleinkinder sind sehr unterschiedlich. Sie sind bestimmt durch die Liebe und Güte der Eltern, der Geschwister, der Großeltern, der Nachbarskinder und anderer Bezugspersonen, oder auch durch deren Lieblosigkeit und Unduldsamkeit.
Kinder, denen schon in den ersten Lebensmonaten viel Zuwendung zuteil wird, reagieren ganz selbstverständlich mit Gesten des Gebens und Nehmens.

Wo Kinder in der Familie großzügiges Helfen, Schenken und Teilen erleben, identifizieren sie sich früh mit dieser Haltung. Sie brauchen dazu die Sicherheit, daß ihnen etwas gehört und die Achtung vor dem, was anderen zukommt. Kinder, die das in ihrer frühen Kindheit nicht so erleben, werden vielleicht noch lange um ihr Teil emsig und ängstlich besorgt sein, andererseits aber auch den Übergriff auf fremdes Eigentum nicht scheuen. Ihnen fällt im Umgang mit anderen Kindern das Teilen besonders schwer.
Manchmal teilen Kinder auch, um sich Freunde zu „erkaufen" oder um im Gegenzug etwas dafür wiederzubekommen: „Gibst du mir das, geb ich dir das!" Auch Sympathie und Antipathie entscheiden beim Teilen mit.

Der Eintritt in die Kindergartengruppe bedeutet für Kinder das Einleben in mehr oder weniger festgelegte Normen des Zusammenlebens in einer Gemeinschaft. Die Kinder begreifen sehr schnell, daß man sich hier viele Dinge mit anderen teilt. Da kann zum Beispiel ein Spielzeug teilen bedeuten: Warten, bis das Spielzeug „frei" ist; andere mitspielen lassen oder mit anderen mitspielen dürfen; bereit sein, anderen das Spielzeug zu überlassen. Manchmal streiten sich Kinder um bereitgestellte Spielmittel, sie wollen Dinge für sich allein haben. Erst nach und nach spüren sie, wie schön es sich in einer guten Gemeinschaft lebt.

Manche Kinder machen Erfahrungen des Ver- und Aufteilens seltener, wenn Geschwister fehlen, wenn Eltern Situationen des Teilens vermeiden, wenn alles in Hülle und Fülle da ist, oder auch, wenn äußerste Sparsamkeit freimütiges Teilen nicht zuläßt.
Diese Kinder brauchen besonders die Einübung des Teilens, wenn ausgeteilt, verteilt, aufgeteilt, gemeinsam gespielt und gefeiert wird. Dabei achten sie auf ein bestimmtes Maß an Gerechtigkeit und reagieren empfindlich, wenn es anders zugeht.
Kinder brauchen immer wieder auch die ungeteilte Zuwendung der Erzieherin.
Vielleicht erfahren sie so, daß in der Gemeinschaft geteilte Freude doppelte Freude bedeutet.

Was ich teilen kann

Dimension des Themas

Die Wirklichkeit unseres Lebens wird bestimmt von der Wirklichkeit des Teilens im Teilhaben und Mitteilen. Ist doch in uns von Anfang an die Fähigkeit zum „Mit-Sein" angelegt. „Alle Wirklichkeit ist ein Wirken, an dem wir teilnehmen" (Buber). Durch Anteilnehmen und Teilnehmenlassen treten wir in Beziehung zueinander. Mit allen Sinnen nehmen wir die Welt gleichsam in uns auf. Teilen ist die Gegenbewegung. Teilende geben etwas von sich her. So schließt sich der Kreis des Miteinander: Beschenkte werden zu Teilenden.

Man muß etwas haben, um teilen zu können. Die Entscheidung dazu muß in Freiheit geschehen. Ja, Teilen gelingt, je freier es in Spontaneität geschieht, frei von Berechnung und moralischem Druck.

Wir alle haben längst gespürt, daß Teilen einerseits ein Verzichten, ein Abgeben bedeutet, daß aber andererseits etwas sehr Beglückendes zurückkommt, etwas, das man gar nicht eingeplant hatte: Sei es das Gefühl, jemanden glücklich gemacht zu haben, oder sei es die Reaktion des anderen, uns Anteil haben zu lassen auch an seiner Zeit, an seinen Gedanken, an seiner Zuwendung.

In unserem Bewußtsein haftet dem Begriff des Teilens viel Schweres und Mühevolles an. Die Realität unseres alltäglichen Lebens wird oft bestimmt von der Mentalität: Nur vorsichtig oder möglichst gar nicht von anderen etwas annehmen, um nicht gezwungen zu sein, selbst zu viel geben zu müssen. Uns fällt es oft so schwer – das Teilen.

Diese Einheit will unser Bewußtsein öffnen. Womit immer die Kinder sich in ihrer Kindergartenzeit inhaltlich beschäftigen, es prägt ihre Einstellung zu sich selbst und zu ihren Mitmenschen, es prägt ihre Persönlichkeit, ihr soziales Verhalten und ihr Weltbild.

Von früh an können Kinder lernen, mit anderen zu teilen, herzugeben, andere mitspielen zu lassen. Sie lernen es dort am leichtesten, wo die Bereitschaft zum Teilen im kleinen Kind geweckt wurde, wo auf spielerische Weise das Geben und Nehmen gelebt wurde.

Fest steht, ein Kind wird wohl kaum vorbehaltlos teilen können, wenn es das Teilen nicht in der Familie und in der Gemeinschaft der Kindergruppe erfahren und geübt hat.

Es braucht aber auch die Erfahrung, daß Dinge ihm allein gehören, die es nicht zu teilen braucht. Nur so wird es ganz selbstverständlich das Eigentum anderer respektieren.

Jede Kindergruppe lebt als kleine lebendige Gemeinschaft vor allem vom Miteinanderteilen – im weitesten Sinn. Das Zusammenleben in der Gruppe einmal bewußter unter der Fähigkeit des Teilens zu sehen, könnte füreinander und miteinander Positives bewirken: hinschauen, hinhören, aufmerksam werden. Da entwickeln sich Verstehen und Wohlwollen, Teilnahme und Anteilnahme, Mitgefühl und Sympathie.

Der bei anderen Themen angebotene „Einstieg in die Einheit" sollte beim Thema „Was ich teilen kann" besser über einen konkreten Anlaß gefunden werden, vielleicht über eine Begebenheit, die zum ersten hier gewählten Bereich paßt, daß Teilen Freude macht (m1).

Das Picknicklied (m2) braucht das Erlebnis eines richtigen Picknicks. Über das Teilen des Lichtes (m8) könnte ein schöner Übergang zu den Vorbildern des Teilens gelingen (m9).

Was ich teilen kann

Modellziel

Fähigkeit entwickeln,

- mit anderen aufmerksam zusammenzuleben, mit anderen mitzufühlen und sich in andere hineinzudenken;

- sich selbst zu sehen als jemanden, der teilhat und mit dem andere teilen;

- nicht alles für sich haben und behalten zu wollen;

- Situationen und Möglichkeiten zu entdecken, Glückliches und Trauriges zu teilen, Brot und Spiele, Gedanken und Wünsche, Raum und Zeit;

- zu teilen in Spontaneität und ohne Berechnung;

- beim Teilen auch ein Stück sich selbst zu entdecken und auch vom anderen;

- eigene Gefühle auszusprechen, z.B. Gründe zu nennen, weshalb man gerne mit anderen teilt oder weshalb man manchmal nicht gerne mit anderen teilen möchte;

- die Wirkungen des Teilens zu sehen, daß Teilen oft nicht ein „Weniger", sondern ein „Mehr" bedeutet;

- im Miteinanderteilen die Erfahrung von Verbundenheit zu spüren, daß Teilen Überraschung und Freude schenkt und dankbar macht;

- anzunehmen, daß jedem Menschen etwas gehört als sein unantastbares Eigentum und daß man Teilen niemals erzwingen darf, sondern daß Teilen eben nur in Freiheit geschehen kann;

- aus Vorbild-Geschichten Beispielhaftes für das eigene Leben zu entnehmen.

Was ich teilen kann

Vom Teilen
und vom Geben und Nehmen

hinhören	weghören
hinschauen	wegschauen
einander zuwenden	sich abwenden
Not erspüren	sich abseits halten
mitempfinden	sich verschließen
sich solidarisch zeigen	sich ausschließen
sich anvertrauen	sich nur auf sich selbst verlassen
teilhaben	isoliert sein
aufgeschlossen sein	verdrossen und gehemmt sein
Gemeinschaft und Freude haben	einsam sein
geben	festhalten
schenken	für sich behalten
teilen	verstecken
ausleihen	ängstlich besorgt sein
zur Verfügung stellen	noch haben wollen
beitragen	nur für sich haben wollen
mitgeben	
abgeben	
weitergeben	
aufteilen	
verteilen	
austeilen	

annehmen	vorsichtig von anderen annehmen,	wegnehmen
beschenkt werden	um nicht selbst zu viel geben zu müssen	sich einfach nehmen

partnerschaftlich teilen	berechnend teilen
brüderlich teilen	halbherzig teilen
großherzig teilen	kleinlich teilen
gerecht teilen	ungerecht teilen
spontan geben	zögernd geben
vorbehaltlos geben	kalkuliert geben
alles geben	nichts geben
sich reich beschenkt fühlen	sich zu kurz gekommen fühlen
dankbar sein	unzufrieden sein

Elternbrief

Liebe Eltern,

in diesem Jahr wollen wir die Herbstzeit im Kindergarten unter das Thema stellen „Was ich teilen kann".
In die Herbstzeit fallen u.a. die Feste Erntedank und Martin, die uns Gedanken des Teilens vor Augen führen. Unsere „neuen" Kinder werden im Kindergarten langsam heimisch – und dies um so mehr, je besser wir miteinander teilen. So liegt für uns eine kindgemäße Beschäftigung mit dem Thema vom Teilen nahe.

Teilen hat in unserem Leben zentrale Bedeutung. Das wissen Eltern mit Kindern in besonderem Maße. Jede enge Gemeinschaft kann nur dann glücklich gelingen, wenn miteinander geteilt wird und man füreinander da ist. Unter Eltern, Geschwistern und Freunden teilen wir Raum und Zeit, Essen und Trinken, Arbeit und Spiel, Freuden und Sorgen.

Alles nur für sich behalten wollen, macht keineswegs glücklich – das wissen auch schon die Kinder. Erst im Miteinander machen viele Dinge des Lebens Freude. Teilen muß nicht ärmer machen, Teilen bereitet Freude – das wollen wir den Kindern über Spiele und kleine Geschichten vermitteln, denn:

- geteilte Freude ist doppelte Freude;
- geteiltes Leid ist halbes Leid;
- geteiltes Brot macht anderen Mut;
- geteilte Arbeit ist halbe Arbeit;
- geteiltes Licht macht doppelt hell.

Der Kindergarten ist für Kinder ein idealer Ort, um untereinander ganzheitliche Erfahrungen des Teilens zu erleben, auch, weil vielen Kindern als Einzelkindern bestimmte alltägliche Erfahrungen fehlen. In der Gruppe ist das Teilen allgegenwärtig: Das Kind teilt sich einen Spielgegenstand mit einem anderen, es teilt sich die Wasserfarben beim Malen, es wird zum Mitspielen eingeladen und läßt im Gegenzug andere mitmachen. Es teilt sich den Tisch oder den Spielteppich mit anderen, die Bezugspersonen, den Tee am Frühstückstisch oder ein lustiges Erlebnis.

Im Kindergarten erfährt das Kind aber auch die Sicherheit des eigenen Besitzes und die Achtung vor fremdem Eigentum. Niemand darf sich über sein Eigentumsgefühl hinwegsetzen. Aus dieser Sicherheit heraus wird es erst von Herzen teilen können.
Darum nennen wir unser Thema auch „Was ich teilen kann". Keinesfalls wollen wir den Kindern eine moralische Tugend aufdrängen, dafür aber die Freude des Teilens auf spielerische Weise im eigenen Erleben bewußt machen.

Teilen macht Freude _____ **m1**

Ein Geheimnis

Text und Melodie: Wolfgang Broedel

Es gibt ein gro-ßes Ge-heim-nis. Es heißt: Wer schenkt, emp-fängt. Wer gibt, wird im-mer rei-cher; es fül-len sich sei-ne Spei-cher mit Freu-de und mit Glück.

aus:
W. Broedel, Freut euch
Verlag Fidula, Boppard/Rhein 1986

m1 — **Teilen macht Freude**

HIER, NIMM DIR WAS

Aliki
aus:
Gefühle sind wie Farben
Verlag Beltz, Weinheim und Basel 1987
Programm Beltz & Gelberg, Weinheim

Teilen macht Freude _____ **m1**

Zeitungsreißen

gGg Die Kinder sitzen im Kreis. Die Erzieherin nimmt ein Zeitungsblatt (große Doppelseite). Während sie das Zeitungsblatt in zwei Hälften reißt, spricht sie:

> *Teilen, teilen, das macht Spaß,*
> *wenn man teilt, kriegt jeder was!*

Jetzt gibt sie einem Kind die Hälfte, behält den Rest, sagt wieder den Spruch, zerreißt ihre Zeitungshälfte und fordert das Kind auf, es ihr nachzutun. Dann geben die Erzieherin und das Kind wieder eine Hälfte an zwei andere Kinder weiter. So sind schon vier Personen ins Spiel einbezogen. Nach dem Schneeballsystem wird nun weiter geteilt, bis alle Kinder ins Spiel einbezogen sind. Dazu wird jeweils der Spruch aufgesagt.

Brückenbauen

Das Spiel erfordert viel Platz. Die Erzieherin hält für jedes Kind zwei Zeitungsblätter bereit.
Der Spielgedanke ist, daß auf dem Boden liegende Zeitungsblätter Inseln in einem großen Meer sind. Jede Insel hat einen Bewohner (Kind). Wenn die Inselbewohner sich besuchen wollen, müssen sie Brücken bauen. Dazu hat jeder Bewohner aber nur eine begrenzte Menge Material zur Verfügung (das zweite Zeitungsblatt). Da das Material knapp ist, muß die Brücke von Insel zu Insel von jeweils zwei Kindern gebaut werden. Man darf nur auf Zeitungsteile treten, kein Kind darf den Boden (das Meer) berühren.

gG ### Spielanregung:
Die Erzieherin verteilt so viele Zeitungsblätter auf dem Boden, wie Kinder in der Gruppe sind. Dabei nutzt sie den ganzen Raum aus. Die Abstände zwischen den Inseln sind verschieden groß. Jedes Kind wählt sich jetzt eine Insel (Zeitungsblatt), auf die es sich stellt. Jetzt erklärt die Erzieherin den Spielgedanken und teilt an jedes Kind ein zweites Zeitungsblatt als Baumaterial aus.
Da die Abstände zwischen den Inseln unterschiedlich groß sind, ergibt sich zwangsläufig eine Gemeinschaft der Kinder. Mehrere Kinder können ihre Blätter zusammenlegen, um ein weit entferntes Kind zu erreichen. Am Schluß können sich alle Kinder auf den gebildeten Brücken und Inseln durch den ganzen Raum bewegen.

aus:
Knister/Paul Maar, Frühling, Spiele, Herbst und Lieder
Verlag O. Maier, Ravensburg 1981

m1 _____ *Teilen macht Freude*

Bildergeschichte:
Geteilte Freude

gG

- Etwa zwölf Kinder sitzen an drei Gruppentischen. Die Erzieherin setzt sich so zu einer Gruppe, daß sie alle Kinder gut sehen kann. Sie zeigt ein handelsübliches Seifenblasenspiel. Die Kinder erzählen einander spontan von ihren Erlebnissen mit diesem Spiel und daß sie gerne damit Seifenblasen pusten.

- Erzieherin: Jede Tischgruppe bekommt gleich ein Bild. Schaut genau hin und erzählt euch leise an eurem Tisch, was da zu sehen ist! Sie teilt die Bildergeschichte aus.

- Die Kinder schauen sich die einzelnen Szenen an und sprechen miteinander darüber.

- Im Gesamtgruppengespräch werden die Szenen noch einmal zusammengetragen. Weitere Impulse:
  – Wie guckt der Junge erst, wie dann?
  – Wem mag das Spiel wohl gehören, haben es vielleicht beide bekommen?
  – Wie verhält sich das Mädchen?

- Erzieherin: Ihr möchtet nun sicher auch Seifenblasen zaubern ... Ich habe nur ein Seifenblasenspiel, was nun?
  Die Kinder machen Vorschläge, wie sie sich das Spiel teilen könnten. Vielleicht finden sie folgende Lösungsmöglichkeit:
  Reihum dürfen alle Kinder blasen (vorsichtig sein, daß der Inhalt nicht herausfließt) und das Spiel dann weitergeben.
  Die Kinder schauen den Seifenblasen nach oder fangen sie ein. Die Erzieherin sollte beim Spiel mittun.

- Bei nächster Gelegenheit erzählen die Kinder einander, warum es so schön ist, wenn man sich ein Spiel teilt.

- Es ließe sich hier und an anderer Stelle ein Gespräch darüber führen: Wo teilt man gerne? Wo will man nicht teilen?

Illustration aus:
EXODUS 1. Schuljahr, Lehrerkommentar
Verlage Kösel und Patmos, München und Düsseldorf 1976

Teilen macht Freude ——————————————————————————— **m1**

Gleichgewicht herstellen

Material:
Tafelwaage, Reis, o.ä.

EP **Übung:**
In eine Schale der Tafelwaage wird eine bestimmte Menge Reis eingefüllt. Das Kind versucht nun, genau die gleiche Menge in die andere Schale einzufüllen – durch vorsichtiges Zugeben oder Wegnehmen in kleinen Mengen -, bis die Waage im Gleichgewicht ist.

Mengen verteilen

Material:
durchsichtige Gefäße (Meßbecher), Gläser (große, kleine; breite, hohe), Trichter, Tablett, Tuch,
Wasser (Reis, Sand) o.ä.

EP **Übung:**
Ein Kind holt in einem Gefäß Wasser.
Am Tisch füllt es Wasser von einem Glas in ein anderes um.

EP **Übung:**
Zwei Kinder versuchen, in möglichst unterschiedlichen Gläsern die gleiche Menge Wasser abzufüllen. Ob es stimmt, wird erst durch Umfüllen in gleichförmige Gläser ermittelt.

Durch Würfeln Spielsteine teilen

Material:
Schale mit 50 Spielsteinen, Würfel

G **Spielanregung:**
Mitten auf dem Tisch steht das Materialschälchen mit den Spielsteinen. Die Kinder würfeln reihum. Dabei sagt jedes Kind, wieviel es gewürfelt hat, und darf sich entsprechend viele Steine nehmen.
Sind alle Steine vergeben, ordnet jedes Kind seine Steine in Fünferreihen, wobei zwei Fünferreihen immer besonders eng aneinandergelegt werden – als Zehnermenge.
Im Mengenvergleich oder Auszählen wird der Sieger ermittelt.

Variante:
Es wird mit zwei Würfeln gespielt. Spielsteine dürfen entnommen werden entsprechend der höheren Punktzahl
oder bei Pasch (beide Würfel mit gleicher Zahl) entsprechend der Summe beider.

m1   ***Teilen macht Freude***

Dinge, die man teilen kann

Material:
12 Kärtchen und 24 Kärtchen (geteilt)

Einführung der Kärtchen:

gG   In kleiner Gruppe schauen sich die Kinder die Kärtchen an und sagen, was jeweils dargestellt ist: eine Tafel Schokolade, Pflaumen, ein Blatt Papier, Blumen, eine Süßigkeit in Papier, Weintrauben, ein Butterbrot, Steine, ein Hörnchen, eine Stange Plastilin, ein Apfel, ein Band.

Die Kinder sortieren die Karten nach den Fragestellungen:
Was können wir essen?
Womit können wir spielen oder gestalten?
Was schauen wir uns gerne an?

Spielanregungen:

EP   **Lotto**
Allein oder zu zweit spielen die Kinder mit den ganzen und den geteilten Kärtchen Lotto.

gG   **Kreisspiel**
Die Kinder sitzen im Kreis. Ein Kind mischt die geteilten Karten, legt sie in ein Körbchen und läßt jedes Kind eine Karte nehmen. Die Kinder schauen sich ihre Kartenhälfte an, stehen leise auf, wandern umher, schauen sich gegenseitig in die Karten und suchen ihren Partner. Sie nehmen nebeneinander Platz. Jedes Paar darf sagen, was auf seinem Kartenpaar geteilt ist, was man mit dem Dargestellten tun kann.

gG   **Kreisspiel**
Die Kinder sitzen einander in zwei Reihen gegenüber. Je nach Anzahl der Kinder werden Kartenpaare zur einen Hälfte an die eine Reihe und zur anderen Hälfte an die andere Reihe verteilt. Die Kinder der einen Reihe versuchen, mimisch darzustellen, was auf ihren Kärtchen dargestellt ist, z.B. Schokolade brechen und essen; Steine aufsuchen und werfen; Plastilin kneten und formen ... Die Kinder der anderen Reihe schauen genau hin und versuchen ihren Partner zu finden.

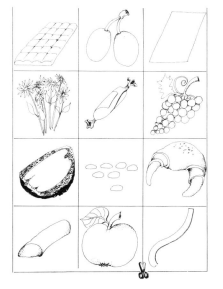 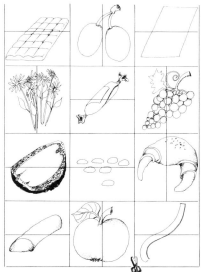

Teilen macht Freude _____ **m1**

Pflanzen teilen

In der Natur kann man in anschaulicher Weise viel über das Teilen erfahren, zum Beispiel im pflanzlichen Bereich: Hier ist Fortpflanzung je nach Pflanzenart vielfältig möglich durch Wurzelteilung, Stecklinge, Ableger und Samen (dabei birgt jede Pflanze mehrere dieser Möglichkeiten). Bei den nachfolgenden Beispielen bleibt – jahreszeitlich bedingt – die Fortpflanzung durch Samen unberücksichtigt.

Das Teilen von Pflanzen sollte nicht nur gesehen werden unter dem Aspekt der Entwicklung von Fertigkeiten, wie Pflanzen sich teilen lassen und unter welchen Bedingungen, sondern auch unter dem Aspekt der geistigen Erziehung.
Durch eine Vielzahl von Betätigungen und Beobachtungen prägt sich den Kindern ein:
- wie Teilen hier ein „Mehr" bedeutet;
- wie sachgerechtes Teilen einer Pflanze nicht schadet, sondern notwendig wird;
- wie das verwundern läßt, wenn sich aus einem Steckling Wurzeln entwickeln;
- welche unterschiedlichen Möglichkeiten der Teilung es gibt;
- wie Teilen mit Freude und Erwartung verbunden ist.

Geeignet sind Pflanzen, die ohne große Fachkenntnisse problemloses Teilen und durch rasches Wachstum gutes Beobachten zulassen (siehe die Beispiele der folgenden Seite).

Es wäre sicher schön – und im Sinne des Themas – wenn Erfahrungen und Mithilfe von Eltern in Anspruch genommen würden.

Beim Teilen der Pflanzen überlegen, wem können wir mit einer Pflanze eine Freude machen, z.B. den Eltern, den Großeltern, erkrankten Gruppenkindern, Leuten im Altenheim und natürlich uns selbst.

Die Kinder schauen zu, wie es richtig gemacht wird, und führen dann auch selbständig solche Tätigkeiten durch.
Sie beobachten täglich, wie die abgeschnittenen oder durchgeschnittenen Pflanzenteile weiterwachsen, und sehen, wie sich kleine neue Pflanzen entwickeln.
Sie versorgen ihre Pflanzen bis zu dem Tag, an dem sie sie verschenken können.

Was wir brauchen:
Kräftige oder veraltete Gartenstauden
Kräftige oder veraltete Topfblumen

Spaten, Schere, Messer, Unterlage, Gießkanne
Gläser, Blumentöpfe, Blumenerde, Wasser

Teilen macht Freude

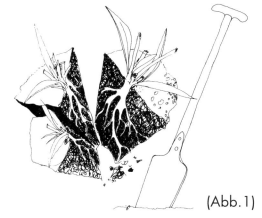
(Abb.1)

Wurzelstockteilung im Garten (Okt./Nov.)

Frühlingsblühende Stauden, z.B. Rittersporn, Mohn, Glockenblumen, Gemswurz, Blaukissen.
Arbeitsweise:
- Staude mit dem Spaten herausheben,
- mit Messer oder Spaten zwei-, drei- oder vierfach teilen, so daß jede Teilpflanze einen entsprechend großen Wurzelballen erhält (Abb.1),
- jede Teilpflanze ins gut vorbereitete Erdreich einpflanzen, andrücken,
- angießen.

(Abb.2)

Ableger

Zimmerpflanzen, z.B. Grünlilie, Efeu
Arbeitsweise:
- Jungpflanzen (die teils Luftwurzeln haben) von den herabhängenden Ausläufern abschneiden,
- in Töpfe mit frischer Blumenerde setzen (Abb.2),
- angießen.

(Abb.3)

Blatt-Stecklinge

Zimmerpflanzen z.B. Usambara-Veilchen
Arbeitsweise:
- Mit scharfem Messer Blätter abschneiden,
- in einen Topf mit sandiger, feuchter Blumenerde stecken (etwa 1 cm tief), andrücken,
- durch Überstülpen eines Einweckglases über den Stecklingstopf ein Treibhausklima schaffen (Abb.3),
- wenn sich Rosetten von kleinen Blättchen gebildet haben, in Einzeltöpfe umsetzen.

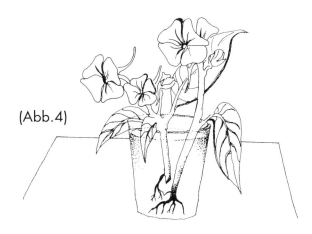
(Abb.4)

Kopf-Stecklinge

Zimmerpflanzen, z.B. Fleißiges Lieschen, Topf-Margerite, Efeu, Buntnessel, Tradescantia
Arbeitsweise:
- Endtriebe abschneiden (etwa 10 cm lang),
- falls nötig, untere Blätter entfernen,
- Stecklinge in kleine Gläser mit Wasser stellen und wurzeln lassen (Abb.4),
- vorsichtig in Töpfe mit frischer Blumenerde setzen, andrücken,
- angießen.

Teilen macht Freude ──────────────────────────────── **m1**

Kreisspiel:
Früchte teilen

Material:
Korb mit gewaschenem Obst (Äpfel, Birnen, Pflaumen, Weintrauben) und mit Nüssen, Möhren ...
Servietten, Teller, Brettchen, Messerchen, Nußknacker

gGg

Spielanregung:
Die Erzieherin teilt die Kinder in zwei gleich große Gruppen auf. Die Kinder der einen Gruppe wählen sich aus dem Körbchen eine Frucht aus. Ein Kind nach dem anderen tritt vor und fragt zur anderen Gruppe gewandt: „Wer möchte mit mir (z.B. den Apfel) teilen?" Jedes Paar sucht sich dann einen Platz.
Die Erzieherin fragt nun, welches Hilfsmittel sie zum Teilen benötigen. Die Kinder der anderen Gruppe besorgen nun das nötige Besteck, Geschirr und Servietten. Nun wird geteilt und miteinander gegessen.

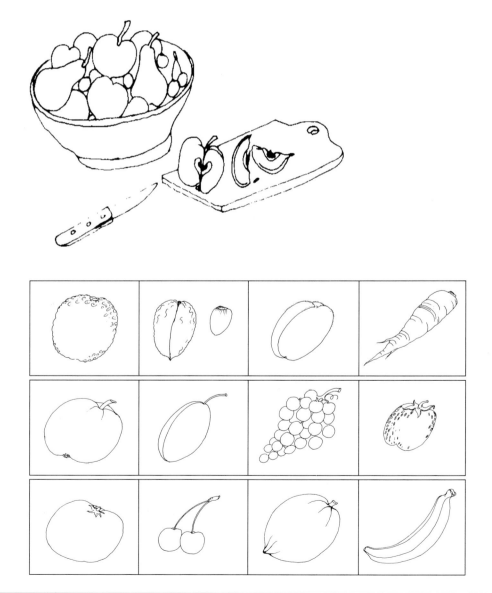

m1   ***Teilen macht Freude***

Geschichte:
Petunia denkt nach

Ein Mädchen wirft einen halben Apfel einfach fort; für abends hat es ja noch einen. Eine Marktfrau hebt den Apfel auf und macht es aufmerksam auf hungernde Kinder in anderen Ländern, und daß es sie traurig macht. Das Mädchen nickt; es kann den zweiten Apfel ja auch verschenken. Es fragt: Ist das richtig? Die Antwort: Vielleicht! Eine Weile stehen sie noch beisammen und denken nach.

Oft werfen Kinder Angebissenes einfach fort. Selten macht jemand sie nachdenklich.
Diese kurze Geschichte braucht keine große Ausdeutung. Sie macht betroffen und will Bewußtsein wecken: Ein wenig nachdenklich machen über das, was wir tun. Ob wir dann richtiger handeln? Vielleicht.

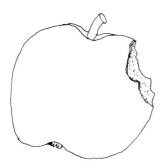

Petunia denkt nach

Einmal sieht die Marktfrau Petunia, wie ein Mädchen einen Apfel fortwirft.

„He, du!" ruft sie. „Das ist aber schade! Der Apfel ist ja kaum zur Hälfte gegessen!"

„Ich mag ihn aber nicht mehr", sagt das Mädchen. „Für abends hab' ich noch einen."

Petunia hebt den Apfel auf.

„Es gibt Länder, in denen die Kinder hungern", sagt sie leise.

„Ja", antwortet das Mädchen, „das hab' ich im Fernsehen gesehen. Aber wenn ich den Apfel aufesse, hungern sie trotzdem."

Das stimmt.

Die Marktfau Petunia denkt nach.

„Es ist nur so", sagt sie, „daß es mich traurig macht."

Das Mädchen nickt.

„Ich könnte ja den halben Apfel heute abend essen", fällt es ihm ein. „Und den zweiten Apfel schenke ich meiner Nachbarin. Die hat nicht soviel Geld und kann sich wenig kaufen. Meinst du, daß das richtig ist?"

„Vielleicht", sagt Petunia.

Und eine Weile stehen sie noch beisammen und denken nach.

Gina Ruck-Pauquèt
aus:
Marktfrau Petunia und ihre Freunde
Verlag Loewes, Bindlach 1985

Untereinander beim Picknick teilen — m2

Beim Wort Picknick denken wir an einen Ausflug, an ein Mahl im Freien, zu dem jeder etwas beiträgt und bei dem geteilt und gemeinsam gegessen wird.

Meine Erfahrungen im Kindergarten zeigen, daß Kinder sehr gerne picknicken, besonders dann, wenn sie in die Vorbereitungen miteinbezogen werden, z.B. beim Brotbacken, beim Aussuchen eines geeigneten Picknickkorbes, bei der Wahl der Liegedecke oder beim Einpacken der Lebensmittel.

Die Kinder freuen sich, wenn sie für ihre mitgebrachten Teile Lob und Anerkennung finden. Picknicken bietet sich geradezu an, die Freude am Teilen bei Kindern und Eltern zu wecken und zu fördern.

Das Spiellied spricht nicht nur an, was sichtbar, meßbar und kontrollierbar ist, wenn beim Picknicken geteilt wird, sondern auch, was spürbar wird:
- *Das Erleben des „Wir": Ich bin Teil dieser Gemeinschaft, ich darf nehmen und ich kann geben.*
- *Das Erleben des „Wir": Ich bin Teil unserer Erde, wir erleben die Natur als ein kostbares Geschenk.*
- *Hunger und Durst werden als Wirklichkeit erfahren und ausgesprochen.*
- *Das „Aufeinanderangewiesensein" wird zur beglückenden Erfahrung. So liegt eine dankbare und teilende Haltung als Antwort auf der Hand.*

Marina Palmen

Picknickteile

Text: Marina Palmen Melodie: Hubertus Vorbolt

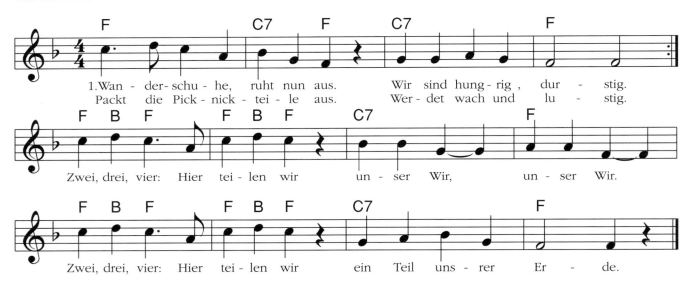

Kehrreim:
Wanderschuhe ruht nun aus.
Wir sind hungrig, durstig.
Packt die Picknickteile aus.
Werdet wach und lustig.

2. Zwei, drei, vier: Hier teilen wir
Limonade, Limonade.
Zwei, drei, vier: Hier teilen wir
ein Teil unsrer Erde.

Kehrreim:
Wanderschuhe ruht nun aus ...

3. Zwei, drei, vier: Hier teilen wir
   Käsebrötchen, Käsebrötchen.
   Zwei, drei, vier: Hier teilen wir
   ein Teil unsrer Erde.

Kehrreim:
Wanderschuhe ruht nun aus ...

4. Zwei, drei, vier: Hier teilen wir
   Wiesenboden, Wiesenboden.
   Zwei, drei, vier: Hier teilen wir
   ein Teil unsrer Erde.

Kehrreim:
Wanderschuhe ruht nun aus ...

5. Zwei, drei, vier: Hier teilen wir
   einen alten Eichenbaum.
   Zwei, drei, vier: Hier teilen wir
   ein Teil unsrer Erde.

Kehrreim:
Wanderschuhe ruht nun aus ...

6. Zwei, drei, vier: Hier teilen wir
   unser Wir, unser Wir.
   Zwei, drei, vier: Hier teilen wir
   ein Teil unsrer Erde.

Vorschläge für den Einsatz des Liedes:
Strophen können situativ verändert und ergänzt werden.
Beispiele:
... Käferbrummen, Käferbrummen ... ein Teil unsrer Erde.
... Sonnenstrahlen, Sonnenstrahlen ... ein Teil unsrer Erde.
... einen bunten Regenbogen ... ein Teil unsrer Erde.
... Wasserpfützen, Wasserpfützen ... ein Teil unsrer Erde.
... eine Scheune, eine Scheune... ein Teil unsrer Erde.
... unser Singen, unser Singen ... ein Teil unsrer Erde.
... unser Lachen, unser Lachen ... ein Teil unsrer Erde.
... unsren Hunger, unsren Hunger... ein Teil unsrer Erde.

Picknickteile, die in der zweiten und dritten Strophe genannt werden, regen dazu an, die mitgebrachten Getränke, Süßigkeiten, Früchte, Salate und Brote zu besingen und dabei hochzuzeigen.
Die vierte und fünfte Strophe wollen auf den Lagerplatz und auf Geschenke der Natur aufmerksam machen. Beim Singen können diese berührt, gestreichelt oder bewußt angeschaut werden.
In der ersten bzw. letzten Strophe wird die „Wir-Gemeinschaft" hervorgehoben. Sie kann vor und nach dem Picknick eingesetzt werden und das Mahl im Freien beginnen oder beenden lassen.

Im Herbst – zu Beginn des Kindergartenjahres – kann das Lied dazu beitragen, daß sich die „neuen" und die „alten" Kinder als Teile *e i n e r* Gemeinschaft sehen.

Unter Freunden am Geburtstag teilen   **m3**

Ich hab' einen großen Kuchen

Text: Elisabeth Borchers Melodie: Hubertus Vorholt

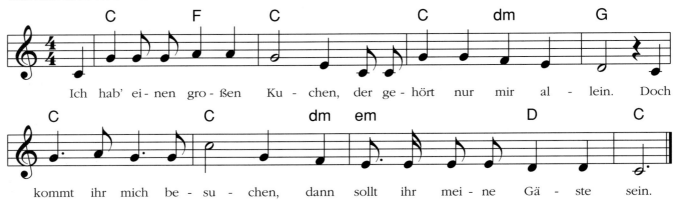

Ich hab' ei-nen gro-ßen Ku-chen, der ge-hört nur mir al-lein. Doch kommt ihr mich be-su-chen, dann sollt ihr mei-ne Gä-ste sein.

Liedtext aus:
E. Borchers, Das Geburtstagsbuch für Kinder
Insel Verlag, Frankfurt am Main 1982

Eine Beschreibung: Sabines Geburtstag

Sabine lädt an ihrem Geburtstag ihre Kindergartenfreunde zu sich nach Hause ein. Froh miteinander feiern, bedeutet bereit zu sein, miteinander zu teilen. Das ist nicht immer einfach, ein bißchen Phantasie und Klugheit gehören dazu.

In vier Situationen wird das Problem des Teilens dargestellt:

1. Sabine möchte ihre neuen Spielsachen noch nicht den anderen Kindern überlassen – mit Recht!
2. Die Kinder malen gemeinsam mit wenigen Kreiden ein wunderschönes Bild für Sabines Mutter.
3. Sabine, die ihre Schokolade eigentlich am liebsten alleine essen würde, teilt sie in einem netten Spiel mit den anderen.
4. Sabine vertieft sich zunächst in Vaters Geschenk – 5 Klingende Stäbe und 5 Schlegel – bald verteilt sie aber die Klingenden Stäbe an die Kinder und entwickelt als Spielleiter ein schönes Zusammenspiel.

Dieser Beitrag mag zum Nachdenken verhelfen und Anregungen geben:

Die Erzieherin könnte Kinder vor ähnliche Situationen stellen und mit den Kindern nach Lösungsmöglichkeiten suchen:

– wie man mit wenigen Stiften gemeinsam ein Bild malt;
– wie man auf lustige Weise eine Tafel Schokolade teilt;
– wie man mit Klangstäben zu einem ähnlichen Zusammenspiel kommt.

Der Beitrag kann als Vorlesetext oder Erzählvorlage zu einem Gespräch über Kindergeburtstage daheim anregen.

Bei allen Anregungen zu Spielmöglichkeiten sollte bedacht werden, daß nicht jedes Geburtstagskind alles teilen möchte und teilen muß, daß Teilen aber auch Freude bringt.

„Sabines Geburtstag" könnte auch an einem Elternabend Gegenstand eines Gesprächs sein.

Unter Freunden am Geburtstag teilen

Sabines Geburtstag

Heute wird Sabine 5 Jahre alt und hat sich ihre besten Kindergartenfreunde eingeladen. Ute und Sebastian, die Zwillinge Anne und Ellen und natürlich Tobias. Alle haben ein kleines Geschenk mitgebracht, und Sabine packt aus. Am liebsten möchte sie nun spielen, aber das geht am Geburtstag nicht und die neuen Spielsachen gleich den anderen Kindern überlassen, dazu kann sie sich nun doch nicht entschließen.

Also verteilt die Mutter den Geburtstagskuchen, und für eine Weile sind die Kinder mit Essen und Trinken beschäftigt. Dann wollen sie in den Garten, aber es hat angefangen zu regnen, und sie müssen im Haus bleiben. Tobias schlägt vor, für Sabines Mutter ein Bild zu malen. Sabine holt ein großes Blatt, dann verteilt sie die farbigen Wachsmalkreiden. Damit sich aber ihre Gäste nicht gleich streiten, weil die rote Kreide nur einmal vorhanden ist, nimmt sie die Kreiden der Reihe nach aus der Schachtel, aber mit geschlossenen Augen, so kann niemand sagen, sie hätte die rote Kreide für sich behalten wollen. Jedes Kind malt nun einmal mit Rot, Blau, Grün oder Gelb, immer der Reihe nach, und es wird ein wunderschönes Bild, das Mutter aufhängt.

Ob Sabine die Geburtstagsschokolade von Oma teilen wird? Mutter weiß, daß sie die am liebsten alleine ißt. Aber Sabine läßt die Schokolade von der Mutter in viele Stückchen zerbrechen und auf dem Tisch verteilen. Jedes Kind darf nun der Reihe nach mit der Gabel nach einem Stückchen „angeln", aber dabei müssen die Augen zu sein, und Mutter paßt auf, daß niemand blinzelt.

Dann kommt der Vater nach Hause. Er hat Sabine ein Päckchen mitgebracht, das so aussieht wie das Glockenspiel, das sie sich schon so lange gewünscht hat. Sie wickelt Vaters Geschenk aus dem Papier. Zum Vorschein kommt ein Kästchen, und darin liegen nebeneinander 5 Klingende Stäbe und 5 Schlegel. Diese Töne kennt sie aus dem Kindergarten. Sie nimmt einen Klingenden Stab in die Hand, klopft mit der Fingerspitze auf die blaue Klangplatte, schlägt den Ton mit dem Schlegel an und ist ganz in ihr Spiel vertieft.

Da werden ihre Geburtstagsgäste ungeduldig und wollen auch mitspielen. So bekommt jedes Kind einen Klingenden Stab und einen Schlegel, Sabine ist natürlich der Spielleiter und verteilt die Kinder im Zimmer. Nun ruft sie den Namen des Kindes, das spielen soll, einmal oder mehrmals, laut oder leise.

Die Zwillinge dürfen auch einmal zusammen spielen und irgendwann alle auf einmal, aber das gibt ziemlich viel Lärm. Vater schlägt vor, die Klingenden Stäbe einmal nebeneinander aufzustellen, da sehen die Kinder, daß sie unterschiedlich lang sind. Sabine gibt Ute den längsten, daneben stellt sich Sebastian mit dem nächsten, dann kommen die Zwillinge und schließlich Tobias:

$$F'' \quad G'' \quad A'' \quad Bb'' \quad C'''$$

Sabine dirigiert nun der Reihe nach. Tobias sagt: „Das hört sich an, wie ‚Alle meine Enten'." Die Kinder kennen das Lied von dem Mann, der in den Brunnen gefallen ist. Sabine versucht so auf die spielenden Kinder zu zeigen, daß die Melodie, die ja aus fünf Tönen besteht, zu erkennen ist. Dann stellt sie sich auch einmal in die Reihe der Spieler und übernimmt einen Ton, während das andere Kind dirigiert.

So geht der Geburtstag zu Ende, und an der Türe fragen die Geburtstagsgäste, was sie nächstes Jahr spielen werden, wenn Sabine 6 wird. Vater antwortet für sie: „Dann spielen wir ‚Alle meine Enten', dazu braucht ihr 6 Töne."

Was glaubt ihr, wie gerne Sabine teilt! So macht es doch viel mehr Spaß, als alleine zu spielen.

Christel Neuhäuser-Jentges

Unter Freunden am Geburtstag teilen ———————————————— m3

Kommt ihr Gäste

Text: Marina Palmen Melodie: Hubertus Vorholt

2. Kommt, ihr Gäste,
   laßt uns essen,
   darauf freut sich jeder hier.
   Kommt, ihr Gäste,
   laßt uns essen,
   miteinander essen wir.

3. Kommt, ihr Gäste,
   laßt uns danken,
   darauf freut sich jeder hier.
   Kommt, ihr Gäste,
   laßt uns danken,
   miteinander danken wir.

Weitere Strophen können ergänzt werden:
Miteinander teilen wir.
... bauen wir.
... spielen wir.

m4   **Unter Geschwistern teilen**

Geschichte:
So ist mein Bruder!

Ein Mädchen erzählt von seinem Bruder. Einmal ist er der „böse Alexander" und dann wieder der „gute Billi". „Man muß sich nur wundern, wie das Gute und das Freche so zusammen in einem Menschen stecken kann."

Beim Hören der Erzählung denken die Kinder als Geschwister- oder Nachbarskinder an ihre eigene Situation, und wie bei ihnen das Nette und gar nicht Nette zusammenkommt.
Die Erzählung eignet sich zum Vorlesen für die älteren Kinder oder zur freien Wiedergabe für alle.

gG
- Die Kinder sitzen im Kreis. Erzieherin: Ich will euch gleich vorlesen, was ein Mädchen von seinem Bruder erzählt. Erst dürft ihr aber von eurem Bruder oder von eurer Schwester oder vom Freund oder der Freundin erzählen.

- Die Kinder erzählen. Jedes Kind sollte ungestört erzählen dürfen, während die anderen zuhören.

- Die Erzieherin liest die Erzählung „So ist mein Bruder!" vor.

- Die Kinder äußern sich dazu, erzählen nun aber vielleicht bewußt über gute und weniger gute Erfahrungen mit ihren Geschwistern. Sie hören voneinander, daß Geschwister nicht immer nur lieb zueinander sind.

- Die Erzieherin lenkt das Gespräch vornehmlich auf Erfahrungen des Teilens. Weil Erfahrungen des Teilens oft sehr intensiv erlebt werden, können sicherlich einige Kinder sehr lebendig davon erzählen.

EP
- Vielleicht möchten einige Kinder am selben oder am folgenden Tag ein Bild malen zum Thema:
Wie mein Bruder, meine Schwester oder mein Freund etwas mit mir teilte,
oder:
Wie ich etwas teilte mit meinem Bruder, meiner Schwester oder meinem Freund.

Unter Geschwistern teilen — m4

So ist mein Bruder!

Mutter, mein Bruder Billi und ich ... das ist unsere Familie. Den Vornamen hat jeder für sich, den Nachnamen – Bernhard – haben wir alle zusammen.

Mein Bruder heißt in Wirklichkeit gar nicht Billi, sondern Alexander. Aber so nennt ihn kein Mensch. Mutter versucht es ab und zu. Sie sagt, sonst heißt er noch Billi, wenn er längst erwachsen ist. Aber dann vergißt sie es immer wieder.

Ich nenne Billi „Alexander", wenn ich wütend auf ihn bin. Und das bin ich leider ziemlich oft. Stellt euch vor: Ich sitze zum Beispiel ganz ruhig und gemütlich und ziehe meinen Puppen frische Kleider an. Da begießt mich der Bursche von hinten mit Mutters Gießkanne.
Oder ich schreibe in meinem Schönschreibheft. In diesem Augenblick streift er so an mir vorbei, als wäre es ganz aus Versehen.
In Wirklichkeit aber hat er's mit Absicht gemacht, und ich habe einen riesigen Tintenratscher über der ganzen Seite und kann noch einmal von vorne anfangen. Da wäret ihr doch bestimmt auch böse, nicht wahr?

Am meisten ärgere ich mich aber, wenn ich mich abends wasche, und Billi schleicht sich ganz leise von hinten heran und pustet mir mit seiner alten Trompete in den Rücken. Das kitzelt nämlich abscheulich, und außerdem erschrecke ich mich immer so.
Kommt dann Mutter dazu und fragt, was los ist, tut er natürlich ganz unschuldig.

„Nun schämt euch doch, ihr beiden", sagt Mutti dann. „Ihr seid doch wirklich zu groß, um euch dauernd zu zanken." – Dabei habe ich überhaupt nichts gemacht.

Eigentlich sieht Billi sehr lieb aus, und er ist auch oft lieb.
Man muß sich nur wundern, wie das Gute und das Freche so zusammen in einem Menschen stecken kann.

Zum Beispiel nimmt ihn Mutter manchmal mit ins Dorf. Dort bekommt er dann oft einen Bonbon beim Kaufmann geschenkt. Denkt ihr nun aber, daß er den aufißt, obwohl er doch bestimmt riesige Lust hat?

Nein, er lutscht ihn nicht einmal an, sondern wartet, bis ich nachmittags aus der Schule komme. Dann holt er ein Messer, teilt den Bonbon in der Mitte durch und gibt mir die Hälfte ab.

Auch meine Puppenmöbel, die jeder bestaunt: einen Tisch, ein Sofa und zwei Stühle, hat er ganz ohne Hilfe gemacht. Und den Leim und die Nägel und was er sonst dafür braucht, hat er von dem bißchen Geld gekauft, das er in seiner Sparbüchse hatte.

Nun könnt ihr euch den „bösen Alexander" und den „guten Billi" schon ein wenig vorstellen, nicht wahr?

Marieluise Bernhard-von Luttitz
(Rechte bei der Autorin)

m5 — *Arbeit und Spiel teilen*

So viel ist immer zu tun!

Im nachfolgenden Text reiht ein Kind Frage an Frage. Beklagt es sich, was es alles tun muß, oder will es stolz auf sich aufmerksam machen, wie beschäftigt es ist und was es schon alles kann? Sicherlich ist ihm nicht bewußt, daß die Eltern Arbeit mit ihm teilen. Es sieht noch ganz sich selbst: Wer kehrt, füttert, besorgt, pflückt, wischt, sucht, wartet? Wer? – Ich! Es darf helfen, es kann schon helfen. Zu oft hören Kinder: Das kannst du noch nicht, dazu bist zu noch zu klein ...

Der Text kann anregen, mit den Kindern über ihre häusliche Mithilfe zu sprechen und welche „Arbeiten" im Kindergarten miteinander geteilt werden können.

So viel ist immer zu tun am Morgen:
Wer kehrt die Krümel vom Frühstückstisch?
Wer füttert den Vogel und den Fisch
und muß beim Bäcker ein Brot besorgen?
Wer pflückt einen Strauß Petersilie im Garten?
Wer wischt das Wasser vom Fensterbrett?
Wer sucht nach Brüderchens Ball unterm Bett
und soll vor der Tür auf den Briefträger warten?
Wer?

Ursula und Bettina Wölfel
aus:
Vom Morgen bis zum Abend
Verlag Patmos, Düsseldorf 1987

Arbeit und Spiel teilen ──────────────────────────── m5

Eine Anregung:
Die Vorratskammer

Es ist mir ein großes Anliegen, immer wieder neue Formen und Möglichkeiten zu finden, die den Kindergartenalltag beleben und für das spätere Leben eine nachhaltige Wirkung haben. Das Geschehen rund um unsere Vorratskammer gehört, glaube ich, zu diesen Aktivitäten.

Die Vorratskammer, in unserem Fall ein kleiner „Troadkasten", kann von einem Tischler oder von geschickten Eltern hergestellt werden, oder aber aus einer einfachen Kiste, die mit Regalen versehen und nach eigener Phantasie mit Vorhängen und Ketten aus Naturmaterial geschmückt ist, gemacht werden.

Die Regale werden nach und nach mit selbst eingekochtem Kompott, mit Marmelade, getrockneten Teesorten, Apfelspalten und Dörrzwetschen, selbstgemachten Nudeln, Lebkuchen und Keksen, die in irdenen Gefäßen aufbewahrt werden, und vielem anderen, was Sommer und Herbst bieten, gefüllt.

Diese Vorratskammer ist der Stolz der Gruppe. In ihr häufen sich Erträge gemeinsamer Arbeit, in ihr ruhen Zeichen aufgeschobener Bedürfnisse, sie ist das Symbol des ersten gemeinsamen Besitzes. Die Vorratskammer steht offen, jedoch wird nie in eigener Regie an den Inhalt herangegangen. Hier zeichnet sich erstmals eine leise Vorahnung für die Gestalt der juristischen Person „Gruppe" ab. Jeder erlebt, was es heißt, eigene Bedürfnisse zugunsten der Gemeinschaft hintanzustellen. Diese Erfahrung führt uns behutsam zu jener Brüderlichkeit, die die ersten Christen gekennzeichnet hat, wo es in der Apostelgeschichte 2,44 heißt: „Sie hatten alles gemeinsam ..."

Das gemeinsame Aufbrauchen der gespeicherten Schätze erhellt uns manchen trüben Wintertag mit Freude.

Sr. Christophora Szöllösy
aus:
UNSERE KINDER, Fachzeitschrift für Kindergarten- und Kleinkindpädagogik, Heft 4/84
a.a.O.

Anregungen

Zwei Kinder malen ein Bild und teilen sich die Gestaltung:
„Ich male Dir das Wasser, male mir die Fische."
„Ich male Dir einen Baum, male mir die Vögel."
„Ich male Dir eine Wiese, male mir die Blumen."
„Ich male Dir ein Haus, male mir Tür und Fenster."
„Ich male Dir den Himmel, male mir die Sterne."

vgl.: F.K.Barth, Menschlichkeit probieren, S.23f., Gelnhausen und Freiburg 1979

Einige Kinder arbeiten mit Knetwachs und teilen sich die Gestaltung.

Ein „Herz" werden:
Die Kinder schneiden aus Tonpapier unterschiedlich große Herzen aus und teilen sie durch. Die Hälften werden – entsprechend der Zahl der mitspielenden Kinder – gemischt und verteilt. Zu fröhlicher Musik suchen die Kinder ihre „andere Hälfte" und beide tanzen miteinander oder gehen Hand in Hand im Kreis herum.

Ein luftiges Spiel mitmachen:
Die Kinder versammeln sich rund um eine große ausgebreitete Folie, alle fassen gemeinsam an, heben die Folie auf und bewegen sie langsam auf und ab ... Einige Tischtennisbälle auf die Folie werfen ...

Schokolade teilen:
Es sind einige Riegel weniger als Kinder. Es reicht nicht!
Die Gruppe findet eine Lösung.
(Die Erzieherin sollte von den Kindern beim Teilen berücksichtigt werden).

Mandarinen teilen:
Kinder teilen sich wenige Mandarinen. Vielleicht wundern sie sich, wie viele Kinder von einer Mandarine ein Stückchen bekommen können.

Obstsalat gemeinsam anrichten und sich teilen:
Kinder bringen Obst mit, sie dürfen es waschen, schneiden, zuckern, auf Schälchen geben und verteilen.

Nachmittags gibt es Kakao (Tee) und Kuchen:
Kinder bringen Gebäck mit, es wird unter allen verteilt.

Manchmal hängen zwei Brötchen oder zwei Früchte aneinander, man nennt sie im Volksmund Viel-Liebchen.
Viel-Liebchen teilt man sich zu zweit.
Wer am anderen Morgen beim ersten Wiedersehen zuerst ruft: „Guten Morgen, Viel-Liebchen!", der hat gewonnen und darf sich vom anderen ein kleines Geschenk erbitten.

Gemeinsam Plätzchen backen, z.B. Männchen, die sich paarweise an den Händen halten.
Bei einer besonderen Gelegenheit teilen die Kinder die „Viel-Liebchen" miteinander.

Kinder spielen in der Gruppe (Kasper-)Theater:
Sie laden Kinder anderer Gruppen als Zuschauer ein.

Raum und Zeit teilen _____ **m6**

Gedicht: Vier Käuzchen

In diesem kleinen Gedicht ist gleichnishaft die Grundsituation von Menschen beschrieben, die sich alleingelassen fühlen. Der Dichter hat sicher nicht zufällig Käuzchen gewählt: Mit Kauz bezeichnet man umgangssprachlich einen sonderbaren, seltsamen Menschen. Das Gedicht geht vom einsamen Käuzchen aus, das nicht selbst die Initiative ergreift und Änderung herbeiführt. Es schließt sich nicht der Dreiergruppe an, noch fragt es: „Kommt eins herüber?", sondern denkt: „Käm eins herüber ..."
Es wird die Wirklichkeit jenes Kindes angesprochen, das sich isoliert fühlt, das noch keinen Kontakt mit der Gruppe gefunden hat oder mit dem noch kein Kontakt geschlossen wurde. (Ein schönes Miteinander beschreibt Christian Morgenstern in dem Gedicht „Die drei Spatzen", vertont auf Seite 157.)
Die Medienseite im Anhang bietet die Möglichkeit, die Situationsbeschreibung des Gedichts darzustellen und weiterzuspielen.

EP
- Die Erzieherin regt zwei Kinder an, die Käuzchen (siehe Medienanhang) auszuschneiden, und deutet an: Nachher wollen wir damit spielen.
  Die Kinder schneiden die Käuzchen aus. Andere Kinder schauen zu und werden neugierig auf das, was wohl damit gespielt werden kann.

- Es wird von Eulen erzählt, eventuell werden entsprechende Bilderbücher angeschaut: Wald- und Nachtvögel, große Augen leuchten im Dunkeln, gutes Gehör, weiches, bräunliches Gefieder, leiser Flug, ihr Ruf: uhu oder huhu, huh oder buhu.

gGg
- Die Kinder sitzen im Halbkreis, alle können gut sehen. Die Erzieherin befestigt das Bild mit dem Geäst an einer Tafel oder Staffelei und versieht die ausgeschnittenen Käuzchen von hinten mit sogenannten Haftis.
  Erzieherin: Ihr seid gespannt auf das Spiel mit den Käuzchen. Aber hört erst einmal das Gedicht von den vier Käuzchen. Nachher werden wir das Gedicht auch spielen.
  Die Erzieherin trägt das Gedicht vor, sie verteilt textentsprechend die Käuzchen im Baum.

- Die Kinder sprechen das Gedicht gemeinsam rhythmisch, sie zeigen dabei mit dem Finger entsprechend auf die Käuzchen.

- Die Kinder finden verschiedene Möglichkeiten der Gruppierung und spielen sie durch, entweder mit den ausgeschnittenen Figuren oder im lebendigen Rollenspiel, bei dem zweimal vier Stühle aufgestellt werden. Beispiele:

  Das eine Käuzchen sagt: *Huhu, komm doch einer zu mir,*
  dann sind wir zwei und zwei!
  oder: *Huhu, kommt alle drei zu mir,*
  dann sind wir nämlich vier!

  Die drei Käuzchen sagen: *Huhu, du bist so allein,*
  komm doch zu uns her,
  dann werden wir vier Freunde!

EPG
- Die Erzieherin regt die Kinder im Freispiel an, aus Papier kleine Käuzchen als Fingerpuppen zu basteln und sie im Freispiel einzusetzen.

154

Vier Käuzchen

Sitzt ein Käuzchen
allein auf einem Ast.
Sitzen drei Käuzchen
zu drein auf einem Ast.

Denkt das Käuzchen,
das da sitzt allein:
Käm eins herüber,
wärn wir alle zu zwein.

*Hans Baumann
aus:
Eins zu null für uns Kinder – 77 Kindergedichte
Verlag dtv junior, München 1975*

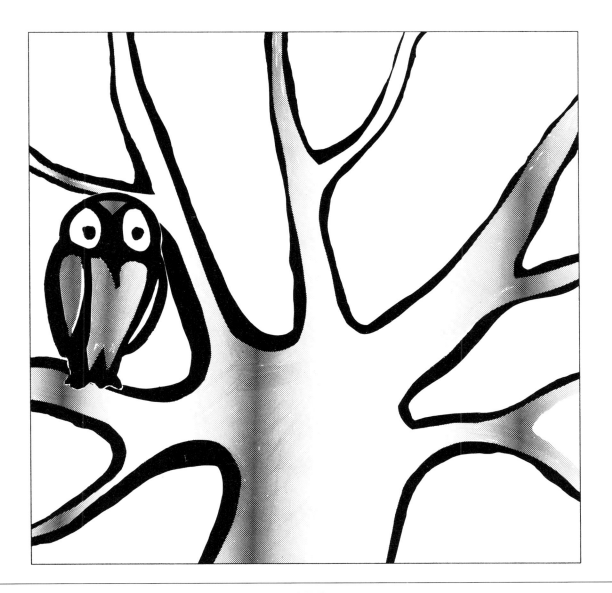

Raum und Zeit teilen ──────────────────────────────────── **m6**

Kreisspiel:
Komm in mein Haus – komm in unser Haus!

Material:
Gymnastikreifen (etwa fünf weniger, als Kinder mitspielen), Instrumente, z.B. Gitarre (oder Musikkassette)

gG

Spielanregung:
Erzieherin: Ihr hört gleich eine schöne Musik. Geht ganz außen im Raum herum, ihr könnt dabei auch hüpfen und zur Musik in die Hände klatschen. Wenn ich die Musik unterbreche, stellt ihr euch in einen Reifen hinein, das ist euer Haus. Wenn ihr die Musik wieder hört, geht ihr wieder außen im Kreis herum.

Die Erzieherin singt zur Gitarre (oder läßt eine schöne Musik abspielen), eine weitere Erzieherin legt die Gymnastikreifen innerhalb des Kreises locker nebeneinander auf den Boden. Wenn die Musik zum ersten Mal aussetzt, werden die Kinder versuchen, für sich einen Reifen zu besetzen. Einige Kinder bleiben übrig und stehen ratlos da. Die Erzieherin läßt den Kindern Zeit, selbst einen Ausweg zu finden. Vielleicht kommen Kinder selber auf die Idee, sich gegenseitig in ihr „Haus" einzuladen.

Jedesmal, wenn die Kinder wieder zur Musik außen im Kreis gehen, wird ein weiterer Reifen fortgenommen. Immer weniger Raum ... immer mehr Nähe, Freunde, Freude ...

Die drei Spatzen

In einem leeren Haselstrauch,
da sitzen drei Spatzen Bauch an Bauch.

Der Erich rechts und links der Franz
und mittendrin der freche Hans.

Sie haben die Augen zu, ganz zu,
und oben drüber schneit es, hu!

Sie rücken zusammen dicht an dicht,
so warm wie Hans hat's niemand nicht.

Sie hör'n alle drei ihrer Herzlein Gepoch,
und wenn sie nicht weg sind, so sitzen sie noch.

Christian Morgenstern

m6 *Raum und Zeit teilen*

Singspiel: Die drei Spatzen

Rollen und Requisiten:
- zwei Singgruppen
- drei „Spatzen": Erich, Franz, Hans – eine Bank
- ein „Schneestreuer" mit etwas Konfetti in einem Schälchen
- drei „Herzklopfer" mit Handtrommeln und weichen Schlegeln

Text: Christian Morgenstern   Melodie: Hubertus Vorholt

Singspiel

1. Strophe:
- 1. Singgruppe
- Spieler
  Erich, Franz und Hans setzen sich nebeneinander auf die Bank.

2. Strophe:
- 2. Singgruppe
- Spieler
  Hans rückt in die Mitte.

3. Strophe:
- 1. Singgruppe
- Spieler
  Der „Schneestreuer" wirft etwas Konfetti auf die drei, dabei machen diese die Augen fest zu.

4. Strophe:
- 2. Singgruppe
- Spieler
  Erich, Franz und Hans rücken noch näher zusammen.

5. Strophe:
- 1. und 2. Singgruppe
  Diese Strophe kann auch von beiden Singgruppen leise rhythmisch gesprochen werden.
- Spieler
  Die drei „Herzklopfer" schlagen mit dem Schlegel auf ihrer Handtrommel im Takt den „Herzschlag".

Zum Schluß vielleicht die 1., 2. und 5. Strophe wiederholen.

Raum und Zeit teilen _____ **m6**

Geschichte:
Gustav Bär findet Freunde

Gustav Bär ist glücklich mit sich und der Welt. Eines Abends aber liegen bereits drei kleine Wanderbären in seinem Bett. Sie möchten seine Freunde sein, und er soll mit ihnen alles teilen. Als sie ihm lieb seine Bärentatze streicheln, kann er nicht widerstehen.

gGg
- Die Erzieherin kündigt den Kindern eine schöne Geschichte an von Gustav Bär, dem Langschläfer, dem Dauerschläfer und Winterschläfer. Sie trägt die Geschichte vor.

- Im Gespräch mit den Kindern könnte herausgestellt werden, wie es den kleinen Wanderbären gelingt, Gustav Bärs Freunde zu werden.
  Sie liegen einfach in Gustav Bärs Bett und kommen seinen Fragen zuvor:
  Wir heißen Cilli, Bim und Mocke.
  Wir sind Wanderbären.
  Bei dir gefällt's uns.
  Außerdem bist du so allein ...
  wir könnten deine Freunde sein.
  Mit Freunden muß man alles teilen ...
  zum Beispiel das Bett.
  Ganz lieb schauten sie ihm in die Augen.
  Dann streichelten sie ihm die Bärentatzen.
  Jetzt mußt du uns eine Gute-Nacht-Geschichte erzählen.

Gustav Bär findet Freunde

Gustav Bär hat ein gemütliches weiches Bett. Ein richtiges Bärenbett, in dem er sich wohl fühlt. Denn Gustav ist ein Langschläfer und ein Dauerschläfer und ein Winterschläfer. Kaum ist die Sonne untergegangen, kuschelt er sich unter seine Decke und schläft einen tiefen Bärenschlaf.

Eines Abends aber, als Gustav die Bettdecke zurückschlägt, liegt da schon jemand drunter. Gustav brummelt und schaut: Drei fremde kleine Bären liegen da und blinzeln ihn an. Liegen einfach in seinem Bett und blinzeln.

„Ja wer ...? Ja woher ...? Ja wieso ...?" stottert Gustav.

Aber die drei kleinen Bären wissen schon, was er fragen will. Sie antworten: „Wir heißen Cilli, Bim und Mocke. Wir sind Wanderbären."

Mocke sagt: „Wo's uns gefällt, da bleiben wir." Und Cilli sagt: „Bei dir gefällt's uns."

Gustav schnauft und wiegt den Kopf. So schnell kann er das gar nicht begreifen. „Wanderbären seid ihr?" wiederholt er. „Und es gefällt euch bei mir? Wirklich?"

Die Wanderbären nicken mit den Köpfen. Dann sagt Mocke: „Außerdem bist du so allein. Das ist doch langweilig, oder? Da haben wir uns gedacht, wir könnten deine Freunde sein."

„Meine Freunde?" Gustav Bär strahlt. „Freunde habe ich mir schon immer gewünscht. Mit Freunden kann man spielen. Mit Freunden kann man lachen. Mit Freunden kann man Dummheiten machen ..."

„Und mit Freunden muß man alles teilen", sagt Mocke.

„Teilen?" fragt Gustav. „Was denn teilen?"

„Zum Beispiel", sagt Cilli und blinzelt, „zum Beispiel das Bett."

Gustav Bär sagt eine ganze Weile gar nichts. Er brummelt nicht einmal. Er schaut nur vor sich hin und zieht die Stirn in Falten.

„Teilen?" fragt er schließlich. „Mein Bett?"

Die drei Wanderbären setzen sich auf und schauen Gustav an. Ganz lieb schauen sie ihm in die Augen.

„Teilen!" sagt Cilli.

„Bett!" sagt Bim.

„Freunde!" sagt Mocke.

Dann streicheln sie ihm die Bärentatzen, wie ihm noch nie jemand die Tatzen gestreichelt hat.

Da wird es Gustav ganz warm ums Herz. Er schaut hinunter auf Cilli, Bim und Mocke, die sich so behaglich in sein Bett gekuschelt haben, und sagt: „Also gut, wir teilen."

Damit sind Gustav und die drei kleinen Wanderbären Freunde.

„Und jetzt", erklärt Gustav, „will ich schlafen."

„Jetzt", sagt Mocke, „mußt du uns eine Geschichte erzählen."

„Eine Gute-Nacht-Geschichte", sagt Bim.

„Ohne Gute-Nacht-Geschichte können wir nicht einschlafen", sagt Cilli.

Gustav ist müde. Er wäre so gern in sein Bett gekrochen und hätte einfach die Augen zugemacht. Aber er will nicht, daß seine neuen Freunde traurig werden.

Also setzt er sich an den Bettrand und sagt: „Na gut, ich erzähle euch eine Geschichte."

Tilde Michels
aus:
Gustav Bär erzählt Gute-Nacht-Geschichten
(Rechte bei der Autorin)

Raum und Zeit teilen ───────────────────────────── **m6**

Rollenspiel:
Gustav Bär findet Freunde

Die Geschichte läßt sich gut mit verteilten Rollen von den Kindern spielen.

Rollen: Gustav Bär, drei kleine Wanderbären Cilli, Bim, Mocke
Requisiten: ein Spielteppich, eine Decke und ein Kissen

	(Die drei Wanderbären kommen herein, finden das Lager und legen sich unter die Decke. *Gustav Bär kommt herein, er gähnt.)*
Gustav:	„Ach, wie bin ich müde, den ganzen Tag war ich draußen, ich gehe gleich ins Bett."
	(Er schlägt die Decke zurück, er schaut und wundert sich.) „Ja wer ...? Ja woher ...? Ja wieso ...?"
Cilli, Bim und Mocke:	„Wir heißen Cilli, Bim und Mocke. Wir sind Wanderbären."
Mocke:	„Wo's uns gefällt, da bleiben wir."
Cilli:	„Bei dir gefällt's uns."
Gustav:	„Wanderbären seid ihr? Und es gefällt euch bei mir? Wirklich?"
	(Die Wanderbären nicken mit den Köpfen.)
Mocke:	„Außerdem bist du so allein. Das ist doch langweilig, oder? Da haben wir uns gedacht, wir könnten deine Freunde sein."
Gustav:	„Meine Freunde?" Freunde habe ich mir schon immer gewünscht. Mit Freunden kann man spielen. Mit Freunden kann man lachen. Mit Freunden kann man Dummheiten machen ..."
Mocke:	„Und mit Freunden muß man alles teilen."
Gustav:	„Teilen? Was denn teilen?"
Cilli:	„Zum Beispiel ... *(er blinzelt)* zum Beispiel das Bett."
Gustav:	*(Er schaut vor sich hin und zieht die Stirn in Falten.)* „Teilen? Mein Bett?"
	(Die drei Wanderbären setzen sich auf und schauen Gustav an, ganz lieb schauen sie ihm in die Augen.)
Cilli:	„Teilen!"
Bim:	„Bett!"
Mocke:	„Freunde!"
	(Die drei Wanderbären streicheln Gustav ganz lieb die Bärentatzen und legen sich wieder hin, eng aneinandergekuschelt.)

Raum und Zeit teilen

Gustav:	„Also gut, wir teilen. Und jetzt will ich schlafen."
Mocke:	„Jetzt mußt du uns eine Geschichte erzählen."
Bim:	„Eine Gute-Nacht-Geschichte."
Cilli:	„Ohne Gute-Nacht-Geschichte können wir nicht einschlafen."
Gustav:	(Er macht müde Bewegungen und setzt sich ganz nahe zu ihnen.) „Na gut, ich erzähle euch eine Geschichte von Gustav Bär. (Cilli, Bim und Mocke legen den Kopf auf die Seite und schließen die Augen.) … Gustav Bär hat ein gemütliches weiches Bett, ein richtiges Bärenbett. Er ist ein Langschläfer und ein Dauerschläfer und ein Winterschläfer. Kaum ist die Sonne untergegangen, kuschelt er sich unter seine Decke und … (Gustav legt sich ein bißchen mit unter die Decke und spricht immer langsamer und leiser.) … und schläft einen tiefen Bärenschlaf und träumt von seinen jungen Freunden …" (Alle vier liegen ruhig da und schlafen.)

(Die Kinder können sich auch selbst eine Gute-Nacht-Geschichte für die drei Wanderbären ausdenken.)

Anregung zum Gestalten:

Gustav Bär's Bett aus Karton, Decke und Kopfkissen aus Stoffresten zurechtschneiden,

Gustav Bär und die drei kleinen Wanderbären auf Tonpapier zeichnen und ausschneiden.

Mit diesen einfachen Figuren die Geschichte nachspielen.

Freude und Leid teilen ⎯⎯⎯⎯⎯⎯⎯⎯⎯⎯⎯⎯⎯⎯⎯⎯⎯⎯⎯⎯⎯⎯⎯⎯⎯⎯⎯⎯⎯⎯⎯⎯⎯⎯⎯⎯⎯⎯⎯ **m7**

Der Wasserfloh
La pulce d'acqua

Der Wasserfloh
hat dir den Schatten geraubt;
und jetzt bist du krank.
Und die Herbstfliege,
die du zerquetscht hast,
wird dir nicht vergeben.

Über das Wasser des Bächleins
hast du dich vielleicht zu tief gebeugt.
Du rufst deinen Schatten,
aber er kommt nicht zurück.

Der Wasserfloh
hat dir den Schatten geraubt;
und jetzt bist du krank.
Und die grüne Schlange,
die du zertreten hast,
wird dir nicht vergeben.

Und jetzt mußt du lange singen,
damit du Vergebung erhältst.
Und der Wasserfloh, der das weiß,
wird dir den Schatten zurückgeben.

Angelo Branduardi
MUSIZIA SRL, Roma
Übersetzung aus dem Italienischen:
Anneliese Elsässer-Specht

Wir kennen die Redeweise: „Sich einen Floh in den Kopf setzen."
Ein Mensch ohne Schatten ist wie ein schattenloses Gespenst, er ist krank. Der Schatten wird einem zurückgegeben, wenn man lange genug singt und tanzt. Dann wird man wieder ein Mensch im Licht mit Schatten – ein Mensch ganz mit Leib und Seele.

m7 — ***Freude und Leid teilen***

Tanz:
Der Wasserfloh

Freude ist Ausdruck einer umfassenden Bejahung des Lebens. Auf Grund der bejahenden Selbstannahme entfalten sich unsere Sinne und geistigen Fähigkeiten, und es erschließt sich ein unbegrenzter Reichtum an Freude.

Um Freude in der Gemeinschaft miteinander zu teilen, bietet sich in besonderer Weise Musik und Tanz an. Eine tänzerische, fröhliche Musik steckt die Kinder an, sich frei im Tanz zu bewegen. Sie werden dieselbe Musik gerne öfter hören wollen und bestimmte Tanzformen dazu entwickeln. Dies gelingt um so besser, je fröhlicher und tanzfreudiger die Erzieherin sich selbst einbringt.

Musikbeispiel:
Angelo Branduardi „La pluce d'acqua" (ca. 5 Min.) Diese Musik vertreibt die Traurigkeit, steckt in ihrer Fröhlichkeit an, zieht mit, zieht Kreise – sie wirkt wie ein Perpetuum mobile. In der Musik steckt so viel ansteckende Lebensfreude, daß Bewegung und Tanz von innen heraus kommen:

> sich im Rhythmus bewegen
> aufeinander zugehen (sich anlachen)
> sich voreinander verbeugen
> sich wieder entfernen
> sich drehen
> in die Hände klatschen
> sich anfassen zu zweit, zu viert, im großen Kreis
> umeinander herumgehen ...

Kreistanz:
Die Kinder stellen sich locker im Kreis auf. Sie kehren sich paarweise einander zu und geben sich die rechte Hand. Die Musik setzt ein. Die Kinder gehen umeinander, lassen sich los, nehmen mit dem nächsten Kind Blickkontakt auf, geben sich die linke Hand, gehen umeinander, lassen los, nehmen mit dem nächsten Kind Blickkontakt auf, und so weiter. Ein solcher Tanz könnte über eine längere Zeit hinweg „fröhliche Kreise ziehen".

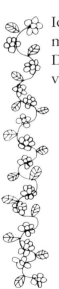

Ich teile meine Freude
mit allen, die ich mag.
Da haben viele Leute
viel Freude jeden Tag.

Und jeder teilt sie weiter,
so wird sie niemals leer,
so wird aus einer Freude
ein Dutzend. Und noch mehr ...

Denn mit geteilter Freude
geht's ganz und gar verhext:
Wie oft wir sie auch teilen –
sie wächst und wächst und wächst ...

*Renate Schupp
aus:
Mein Büchlein vom Teilen, Reihe: Mitmachbüchlein
Verlag E. Kaufmann, Lahr 1985*

Freude und Leid teilen *m7*

Brot in deiner Hand

An der Jakobstraße in Paris liegt ein Bäckerladen; da kaufen viele hundert Menschen ihr Brot. Der Besitzer ist ein guter Bäcker. Aber nicht nur deshalb kaufen die Leute des Viertels dort gern ihr Brot. Noch mehr zieht sie der alte Bäcker an: der Vater des jungen Bäckers. Meistens ist nämlich der alte Bäcker im Laden und verkauft.

Dieser alte Bäcker ist ein spaßiger Kerl. Manche sagen: Er hat einen Tick. Aber nur manche; die meisten sagen: Er ist sehr weise, er ist menschenfreundlich. Einige sagen sogar: Er ist ein Prophet. Aber als ihm das erzählt wurde, knurrte er vor sich hin: „Dummerei ..."

Der alte Bäcker weiß, daß man das Brot nicht nur zum Sattessen brauchen kann, und gerade das gefällt den Leuten. Manche erfahren das erst beim Bäcker an der Jakobstraße, zum Beispiel der Autobusfahrer Gerard, der einmal zufällig in den Brotladen an der Jakobstraße kam.

„Sie sehen bedrückt aus", sagte der alte Bäcker zum Omnibusfahrer.

„Ich habe Angst um meine kleine Tochter", antwortete der Busfahrer Gerard. „Sie ist gestern aus dem Fenster gefallen, vom zweiten Stock."

„Wie alt?" fragte der alte Bäcker.

„Vier Jahre", antwortete Gerard.

Da nahm der alte Bäcker ein Stück vom Brot, das auf dem Ladentisch lag, brach zwei Bissen ab und gab das eine Stück dem Busfahrer Gerard. „Essen Sie mit mir", sagte der alte Bäcker Gerard, „ich will an Sie und Ihre kleine Tochter denken."

Der Busfahrer Gerard hatte so etwas noch nie erlebt, aber er verstand sofort, was der alte Bäcker meinte, als er ihm das Brot in die Hand gab. Und sie aßen beide ihr Brotstück und schwiegen und dachten an das Kind im Krankenhaus.

Zuerst war der Busfahrer Gerard mit dem alten Bäcker allein. Dann kam eine Frau herein. Sie hatte auf dem nahen Markt zwei Tüten Milch geholt und wollte nun eben noch Brot kaufen. Bevor sie ihren Wunsch sagen konnte, gab ihr der alte Bäcker ein kleines Stück Weißbrot in die Hand und sagte: „Kommen Sie, essen Sie mit uns: Die Tochter dieses Herrn liegt schwer verletzt im Krankenhaus – sie ist aus dem Fenster gestürzt. Vier Jahre ist das Kind. Der Vater soll wissen, daß wir ihn nicht allein lassen."

Und die Frau nahm das Stückchen Brot und aß mit den beiden. (gekürzt)

Heinrich A. Mertens
aus:
Brot in deiner Hand
Verlag J. Pfeiffer, München 1982/6.

Freude und Leid teilen

Zu den alltäglichen Erfahrungen der Kinder gehören auch Leiderfahrungen: Wenn jemand in der Familie sehr krank ist, wenn jemandem in der Familie ein Unglück zugestoßen ist, wenn das Kind Zerrüttung in der Familie erlebt, wenn die liebe Oma oder der liebe Opa gestorben ist ...
Mit solchen Leiderfahrungen kommen Kinder immer wieder auch in den Kindergarten. Manchen sieht man es an, andere zeigen es nur versteckt.

Der Bäcker in unserer Geschichte nimmt die Traurigkeit des Busfahrers, der zufällig in seinen Brotladen kommt, wahr und spricht ihn darauf an. Der Busfahrer fühlt sich aufrichtig angesprochen und deshalb teilt er sich mit: Seine Tochter ist aus dem Fenster gefallen. Er hat Angst um sie. Der Bäcker stellt keine neugierigen Fragen, er fragt – betroffen – nach dem Alter der Tochter. Er nimmt ein Stück Brot, bricht es und sagt: „Essen Sie mit mir."
„Der Busfahrer ... verstand sofort, was der alte Bäcker meinte, als er ihm das Brot in die Hand gab."

Kinder, die mit einer Leiderfahrung in den Kindergarten kommen, brauchen unsere Nähe und unsere Aufrichtigkeit, sie vertragen keine Beschönigung. Ihnen hilft unser liebevolles Mitdenken, unser Zuhören, unsere Zeit und daß andere ernsthaft in die Situation einbezogen werden.

> Teilt das Brot mit andern,
> es schmeckt doch nur gebrochen gut.
> Teilt das Brot mit andern,
> geteiltes Brot macht vielen Mut.
>
> *aus Tanzania*
> *gefunden in: Kindergarten und Mission 2/86*
> *Päpstliches Missionswerk der Kinder in Deutschland, Aachen (Hrsg.)*

Licht teilen _____ m8

Ich baue mir eine Laterne

Text: Rolf Krenzer Melodie: Wolfgang Schult

1. Ich baue mir eine Laterne und geh in die Nacht hinaus.
Sie leuchtet so weit in die Ferne. Laternenlicht, lösche nicht aus!

2. Sag, hast du auch eine Laterne?
Komm mit in die Nacht hinaus.
Sie leuchtet so weit in die Ferne.
Laternenlicht, lösche nicht aus!

3. So geh ich mit meiner Laterne
und sing das Laternenlied.
Und alle, die folgen mir gerne.
So singen wir alle laut mit.

aus:
R. Krenzer (Hrsg.), 100 einfache Lieder
Verlage Kaufmann und Kösel, Lahr und München 1978

m8 *Licht teilen*

Geschichte:
Geteiltes Licht

Die Geschichte „Geteiltes Licht" mit ihrer einfachen Handlung ist besonders auch für kleinere Kindergartenkinder geschrieben. Sie macht ein Bild des Teilens und seiner Wirkung deutlich: Teilen bringt mehr Licht.
Kindgemäß wird geschildert, was Kinder an sich selbst auch erfahren: Teilen fällt oft schwer und kommt nicht wie von selbst. Im Märchen „Die Sterntaler" gibt das Kind auf jede Bitte leicht. Hier in der Geschichte ist das Bitten mehrmals notwendig, aber dann teilt die Laterne ihr Licht, und Überraschung kommt zurück. Hier und im Sterntalermärchen wird dem Kind vermittelt, „Bittende muß man anhören ... Bittenden soll man geben ..." (Felicitas Betz)

Die Illustrationen zu dieser Geschichte wollen die Kinder zum Erzählen anregen. Sie sind im flächenhaften, plakativen Stil gehalten, der gut die Stimmung der einzelnen Szenen wiedergibt und Raum läßt, auch über den Text der Geschichte hinaus mit den Kindern zu deuten.

Es bietet sich an, die Kinder dann mit der Geschichte vertraut zu machen, wenn sie auch selbst dabei sind, ihre Martinslaterne zu basteln und Laternenlieder zu lernen.

G	• Kinder, die ihre Martinslaterne fertiggestellt haben, dürfen schon einmal ausprobieren, wie schön die Laternen im abgedunkelten Raum leuchten.
gGg	• Die Gruppe sitzt im Kreis in einem nur mäßig beleuchteten Raum. Erzieherin: Ihr habt ausprobiert, wie schön eure Laterne im Dunkeln leuchtet ... Nun will ich euch eine Geschichte von der Laterne Lumina erzählen: Es war einmal eine Laterne ...
	• Die Kinder äußern sich zur Geschichte. Die Erzieherin geht auf die Reaktionen der Kinder ein.
	• Die Erzieherin hält für alle Kinder eine Kerze bereit. Die Kinder teilen Kerzenlicht untereinander, und sie erfahren, wie durch das Teilen das Licht nicht weniger, sondern immer mehr wird, wie es immer heller wird. Gemeinsam könnte ein Laternenlied gesungen werden, und erst dann werden die Kerzen ausgepustet.
EPG	• Anderntags legt die Erzieherin im Freispiel die Bilder zur Geschichte aus. Die Kinder schauen sich die Bilder an, ordnen sie und erzählen einander die Geschichte von der Laterne Lumina.
gG	• Die Erzieherin erzählt den Kindern die Geschichte noch einmal, diesmal mit den Bildern.
	• Gemeinsam wird überlegt, warum die Laterne ihr Licht nicht teilen will, und daß Teilen mehr Licht bedeutet.
	• Die Kinder spielen im Rollenspiel die Szene, in der Lumina die andere Laterne mehrmals um Licht bittet. Dabei können die Kinder Variationen von Redewendungen finden, wie man bittet und was man sagt, wenn man etwas gibt. Ein Laternenreigen könnte das Rollenspiel abschließen (Seite 173).

Licht teilen m8

Geteiltes Licht

Es war einmal eine Laterne.
Ihr Name war Lumina.
In der Nacht ging sie gerne spazieren.
Einmal wanderte Lumina durch den finsteren Wald.
Ihr Licht leuchtete hell,
ihr Schein fiel auf den dunklen Weg.
So konnte sie gut sehen.
Erst war es noch ganz still im Wald.
Aber dann wurden die Äste der hohen Bäume unruhig.
Immer fester zerrte der Wind an den Zweigen.
Da flackerte Luminas Licht immer mehr.
Bald wurde der Wind ein richtiger Sturm.
Lumina fürchtete sich:
„Wenn nur mein Licht nicht ausgeblasen wird",
dachte sie und ging ganz vorsichtig weiter.
Da, plötzlich, ein Windstoß,
das Licht ging aus.
Lumina stand alleine im dunklen Wald.
Wie sollte sie nun ihren Weg finden?
Traurig stolperte sie zwischen hohen Bäumen hin.
Endlich hörte es auf zu stürmen.
Woher aber sollte Lumina nun Licht bekommen? –
Doch, was war das? Weit weg war ein Licht.
Und das Licht kam näher und näher.
„Eine Laterne", dachte Lumina,
„wie schön sie leuchtet!"
Da lief Lumina auf sie zu und sagte:
„Bitte, gib mir von deinem Licht,
der Wind hat mein Licht ausgeblasen."
„Nein!" sagte die andere Laterne.
„Wie soll ich dir von meinem Licht geben,
dann sehe ich ja nicht mehr gut",
und wendete sich mit ihrem Licht ab.
Doch Lumina bat noch einmal die andere Laterne:
„Bitte, teile doch dein Licht mit mir!"
Da hatte die andere Laterne Mitleid
und gab Lumina von ihrem Licht mit. –
Wie staunten da beide,
als ihr beider Licht schön und hell leuchtete.
Es war so,
als hätte ihr Licht nie heller gestrahlt.
„Ich danke dir", sagte Lumina
und wanderte froh nach Hause.

Hubertus und Christine Vorholt

Durch die Straßen auf und nieder

Text: Lieselotte Holzmeister Melodie: Richard Rudolf Klein

1. Durch die Stras-sen auf und nie-der leuch-ten die La-ter-nen wie-der,

ro-te, gel-be, grü-ne, blau-e, lie-ber Mar-tin, komm und schau-e!

2. Wie die Blumen in dem Garten
blühn Laternen aller Arten:
rote, gelbe, grüne, blaue.
Lieber Martin, komm und schaue!

3. Und wir gehen lange Strecken
mit Laternen an den Stecken:
rote, gelbe, grüne, blaue.
Lieber Martin, komm und schaue!

von der Schallplatte 1124
MARTINS- UND LATERNENLIEDER
Verlag Fidula, Boppard/Rhein

Laternenreigen: Vorschlag zur Bewegung

1. Strophe
— Die Kinder bilden einen Kreis, in der Mitte ein Kind mit einer Laterne.
— Während der ersten 4 Takte geht das „Laternenkind" innen im Kreis herum, gleichzeitig machen alle „Kreiskinder" am Platz einen Pendelschritt vor und zurück.

Im Metrum :||: ♩ ♩ ♩ ♩ :|| insgesamt 4mal
                vor ran rück ran

— Während der letzten 4 Takte kann folgende Bewegung ausgeführt werden:

5. Takt: ♩ vor ♩ ran ♩ rück ♩ ran
6. Takt: ♩ vor ♩ ran ♩ rück ♩ ran
7. Takt: ♩ vor ♩ ran ♩ rück ♩ ran
8. Takt: 4 Schritte am Platz mit ganzer Drehung

Während dieser 4 Takte bleibt das „Laternenkind" in der Mitte stehen.

2. Strophe
— Takt 1 – 4: alle Kinder gehen im Kreis herum, das Kind in der Mitte in entgegengesetzter Richtung.
— Takt 5 – 8: wie bei der 1. Strophe.

3. Strophe
— Takt 1 – 4: alle Kinder gehen in verschiedene Richtungen auseinander.
— Takt 5 – 8: wie in der 1. und 2. Strophe.

Hinweis: Die Kinder sollten unbedingt das Lied singen und sich dazu bewegen.

Christel Neuhäuser-Jentges

Vorbilder des Teilens ────────────────────────────── **m9**

Martin von Tours

Martin von Tours (316-397) wurde in Ungarn geboren und wuchs im römischen Pavia auf. Sein Vater war römischer Soldat. Martin mußte mit fünfzehn Jahren ebenfalls Soldat werden. Heimlich ließ er sich im christlichen Glauben unterrichten. Die Mantelteilung mit dem frierenden Bettler am Stadttor von Amiens in Frankreich zeigt die Ernsthaftigkeit seines christlichen Handelns. Er ließ sich taufen und verließ mit zwanzig Jahren das römische Heer. Viele Jahre lebte er ein Leben konsequenter, unbequemer Nachfolge Jesu. Im Jahre 361 gründete er das Kloster Linguge. 371 wurde er zum Bischof von Tours gewählt, lebte aber weiterhin als Mönch unter Mönchen.
Sein Namensfest: 11. November

Martins Herz brennt voller Liebe

Text: Marina Palmen Melodie: Hubertus Vorholt

1. Martins Herz brennt voller Liebe, und wir tragen hinterher seine Martinslichter weiter durch das dunkle Häusermeer.

2. Martin reitet bis zum Stadttor, und wir tragen hinterher seine Martinslichter weiter durch das dunkle Häusermeer.

3. Martin bleibt beim Bettler stehen, und wir tragen hinterher seine Martinslichter weiter durch das dunkle Häusermeer.

4. Martin teilt den warmen Mantel, und wir tragen hinterher seine Martinslichter weiter durch das dunkle Häusermeer.

5. Martins Herz brennt voller Liebe, und wir tragen hinterher seine Martinslichter weiter durch das dunkle Häusermeer.

m9 _____ ***Vorbilder des Teilens***

Zum Martinstag

Ihr freut euch schon lange darauf, wenn ihr bald mit der Laterne in der Hand das Martinslied singen dürft: Sankt Martin, Sankt Martin ritt durch Schnee und Wind ...

Wißt ihr auch, warum wir am 11. November das Fest des heiligen Martin feiern? Die Geschichte will ich euch erzählen. Sie ist schon viele hundert Jahre alt.

Martin ist ein Soldat. Eines Tages soll er in eine andere Stadt reiten. Es ist Winter, Schnee hat das Land zugedeckt.
Martin zieht sich seinen warmen Mantel über die Uniform. Er holt sein Pferd aus dem Stall, sitzt auf und reitet los. Der eiskalte Wind weht ihm ins Gesicht. „Es wird sehr kalt werden auf dem weiten Weg", denkt Martin.
Die Wächter an den Stadttoren brauchen nicht zu gucken, wer da geritten kommt. Sie wissen, so gut und schnell kann nur einer reiten, Martin! Sie öffnen die Tore. Martin galoppiert an ihnen vorbei.
Doch da – mit einem Ruck – zieht Martin die Zügel an, und das Pferd steht still. Er sieht, daß dort ein armer Mann liegt, er hat nur Lumpen an und zittert vor Kälte. Martin will diesem Mann helfen. Aber er hat nur seinen warmen Mantel. Martin überlegt nicht lange. Er nimmt den Mantel ab und teilt ihn mit dem Schwert mittendurch. Die eine Hälfte gibt er dem armen Mann, die andere legt er sich um die Schultern.
Die Augen des Bettlers leuchten. Er ruft: „Ich danke dir!" – Nun braucht er nicht mehr zu frieren.

Martin reitet weiter durch die Nacht. Er freut sich, daß er dem Bettler helfen konnte.
Spät kommt er in der fremden Stadt an. Müde vom langen Ritt legt er sich zu Bett.
In der Nacht hat Martin einen Traum: Neben ihm steht jemand.
Ist es der Bettler? – Er trägt den halben Mantel. Freundlich spricht er: „Martin, das hast du für mich getan."
Martin ist ganz glücklich. Er weiß jetzt, daß er Jesus begegnet ist.

Anne Dahm-Puchalla

... Herr, wann haben wir dich hungrig gesehen und dir zu essen gegeben, oder durstig und dir zu trinken gegeben? Und wann haben wir dich fremd und obdachlos gesehen und aufgenommen, oder nackt und dir Kleidung gegeben? ... Amen, ich sage euch: Was ihr für einen meiner geringsten Brüder getan habt, das habt ihr mir getan.

Mt 25, 37-40

Vorbilder des Teilens ─────────────────────────────── **m9**

Elisabeth von Thüringen

Elisabeth von Thüringen, Tochter König Andreas II. von Ungarn, geboren 1207, wurde sehr jung auf der Wartburg mit dem zehnjährigen Sohn Ludwig des Landgrafen Hermann von Thüringen verlobt, den sie 1221 heiratete. Ludwig starb 1227 auf dem Kreuzzug. Elisabeth wurde wegen ihrer Großherzigkeit gegenüber den Armen von der Burg vertrieben und litt mit ihren drei Kindern in Eisenach größte Not. Sie ließ von ihrem Erbe in Marburg ein Hospital erbauen und widmete sich bis zu ihrem frühen Tod 1231 ganz der Armen- und Krankenpflege.
Ihr Namensfest: 19. November

In der mittelalterlichen und zeitgenössischen sakralen Kunst gibt es zahlreiche Darstellungen von der heiligen Elisabeth. Eine solche Darstellung erleichtert den Kindern den Zugang zu dieser Heiligen. Größere Originale finden sich vielleicht in einer nahen Kirche oder in einem Museum.

Bei einer Führung durch das Schnütgen-Museum der Stadt Köln unterhielt sich eine Kindergruppe über den unteren Teil des Gebote-Fensters:

Da ist eine große Frau in einem blauen Kleid und mit einem weißen Kopftuch ...
Nein, guck doch genau hin! Sie hat ein dunkelrotes Kleid und einen blauen Mantel!
Sie hat einen gelben Schein um den Kopf – einen Heiligenschein. Das ist Maria!
Aber Maria hat doch immer ein Kind im Arm!?
Da sind zwei Kinder – die haben aber häßliche Gesichter! ... das eine kniet so komisch ... wie auf einem Brett ...
Es hat nur ein Bein!
Die Frau gibt ihm etwas ... so lang und gelb ... sieht aus wie ...
Ich weiß! Wie ein Kaviarbrot!
Dem anderen gibt sie ein Kleid.
Über der Frau fliegen zwei Engel – sie wollen ihr eine Krone aufsetzen. Wie einer Königin.
Sie steht in einem Schloß mit Blumentapete.
Über der Frau sind Sterne ... wie im Himmel ...
Aber – wer ist sie denn?
Es ist eine Königstochter, die Gottes Gebot der Liebe befolgte und vielen armen Menschen Brot und Kleidung schenkte und Kranke pflegte. Die Engel bringen ihr eine Himmelskrone als Belohnung für ihre guten Taten. Die Königstochter ist die hl. Elisabeth von Thüringen.

Ausschnitt aus:
Zehn-Gebote-Fenster
Mittelrhein, um 1440-1446

aus:
Renate Friedländer/Adele Metzner, Kinderkatalog „Mein Schnütgen-Museum"
Schnütgen-Museum der Stadt Köln, Außenreferat der Museen der Stadt Köln (Hrsg.), 1981

Zum Elisabeth-Tag

Ich will euch eine wunderschöne Geschichte erzählen, die sich die Menschen schon viele hundert Jahre weitergeben. Es ist die Geschichte von einer Gräfin mit dem Namen Elisabeth.

Elisabeth lebte mit Graf Ludwig und ihren Kindern in einem Schloß. Sie liebte ihren Mann und ihre Kinder von Herzen, und sie liebte alle Menschen, denen sie begegnete. Obwohl man es bei Hofe nicht gerne sah, verteilte sie oft Essen und Kleider an Menschen, die im Dorf und in der Nähe des Schlosses wohnten. Dann wunderten sich die Diener und sagten zueinander: „Sie benimmt sich gar nicht wie eine Gräfin!"

Eines Tages hörte Elisabeth von einer Frau, die sehr krank war. Ihre Kinder hätten nichts zu essen und weinten vor Hunger. Da packte Elisabeth einen Korb mit Nahrungsmitteln und machte sich auf den Weg ins Dorf.
Graf Ludwig hatte Angst um seine Frau. Es war ihm nicht recht, daß sie alleine hinunter ins Dorf ging. Er hatte Angst, sie könnte sich bei den Kranken anstecken. Schnell sattelte er sein Pferd und ritt den Schloßberg hinunter. Da sah er seine Frau mit dem schweren Korb am Arm. Er verstellte ihr den Weg und wollte sehen, was sie in dem Korb trug.

Elisabeth deckte den Korb auf. Da strömte ein wundervoller, süßer Duft Ludwig entgegen. Im Korb lagen herrliche Rosen! Da spürte Ludwig in seinem Herzen:

So wie die Rosen mich mit ihrem wunderbaren Duft erfreuen, so macht die Liebe von Elisabeth die armen Menschen wieder froh.

Anne Dahm-Puchalla

Diese Fenster haben Kindergartenkinder mit bunten Filzstiften auf Transparentpapier gemalt. Sie zeigen die hl. Elisabeth mit zwei Engeln und zwei Bettlern.

Vorbilder des Teilens ──────────────────────────── m9

Einführung von Stabspielen

Ziele:
- Bekanntwerden mit dem Glockenspiel,
- neue Klangarten (Schwebe- und Punktklänge), ihre klangliche Darstellung auf den entsprechenden Instrumenten und ihre graphischen Zeichen kennenlernen,
- Verklanglichung des Märchens: Die Sterntaler.

Methodische Möglichkeiten

Die Kinder haben bereits gelernt, daß Klänge verschiedene Eigenschaften haben, und erfahren, daß sie mit Hilfe von Klängen etwas darstellen können. Mit dem Glockenspiel wird eine neue Klangfarbe vorgestellt. Sie wird die Kinder an den Klang des Metallophons erinnern und zu Vergleichen anregen: Glockenspiele klingen in der Regel höher als Metallophone. Auch ein Vergleich mit dem Xylophon drängt sich auf: Der Klang der Metallstabspiele ist lang, der der Holzstabspiele ist kurz.
Durch Experimentieren auf den Stabspielen werden die Kinder neue Erfahrungen und Erkenntnisse sammeln können: Die Klänge können
1. hoch (hell) und tief (dunkel) sein,
2. laut oder leise gespielt werden,
3. kurz oder lang klingen.
4. Auch auf den Glockenspielen können Gleit- und Bewegungsklänge erzeugt werden. (Falls keine Klangplatten wie bei dem Metallophon oder Xylophon überstehen, werden die Bewegungsklänge dadurch erzeugt, daß eine einzelne Platte wiederholt schnell angeschlagen wird.)

Schwebeklänge
Glockenspiele und Metallophone erzeugen nachhallende Klänge, Schwebeklänge. Wir könnten sie mit schillernden Seifenblasen vergleichen, die eine Weile vom Luftzug getragen werden, ehe sie platzen. Den bildlichen Eindruck der schwebenden Seifenblasen übernehmen wir für die graphische Notation.

OOO   o o o

laute und leise Schwebeklänge

Schwebeklänge können wir auch auf anderen bereits bekannten Instrumenten spielen, auf dem Triangel, dem Hängenden Becken und Zymbeln.

Punktklänge
Im Gegensatz zu den nachhallenden Klängen, die wir auf „Metallinstrumenten" spielen können, gibt es die kurzen Klänge, die gleich nach dem Erklingen wieder verklingen. Wir spielen sie auf allen Holzinstrumenten wie Xylophon, Großbaßstäben, Holzblocktrommel, Röhrenholztrommel, Schlagstäben und Kastagnetten, auf den Fellinstrumenten wie Pauken und Handtrommeln und bei kurzem Anschlag auch auf Rasseln, Schellenkranz und Schellenrassel. Punktklänge wollen wir sie nennen. Ihre graphische Notation leiten wir von fallenden Regentropfen ab, die auf der Straße oder im Sand punktartige Gebilde hinterlassen.

laute und leise Punktklänge

In den Klangspielen können die Kinder die verschiedenen Spieltechniken üben, die Klangarten anwenden und kreativ mit Klangmaterialien und einfachen graphischen Notationen umgehen. Dabei sollen Instrumente für Punkt- und Schwebeklänge eingesetzt werden. Zum Beispiel soll einem Schwebeklang wiederum ein Schwebeklang als Antwort folgen (siehe Beispiel a).

Vorbilder des Teilens

Das gleiche Spiel könnte wie im Beispiel b) mit den Instrumenten für Punktklänge verwirklicht werden.

Beispiel a: **Beispiel b:**

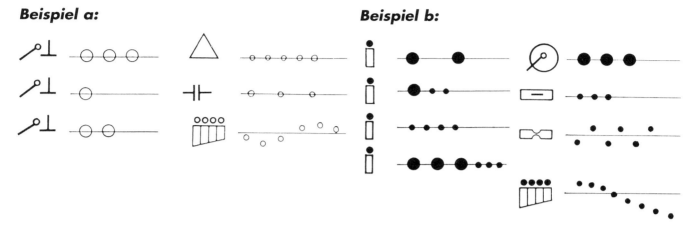

Beispiel c:

Ein Instrument beginnt. Es antwortet jeweils ein Instrument der anderen Klanggruppe. Dabei soll auch noch die Antwort als lauter, leiser, hoher oder tiefer Klang gegeben werden.

Bei den Notationen der Klänge für Glockenspiel, Metallophon und Xylophon ist zu beachten, daß die waagerechte Linie, die beim Stabspielzeichen beginnt, jeweils die Mitte des Klangraumes eines Instrumentes darstellt. Alle Töne in der oberen Klanghälfte liegen also oberhalb, alle Töne der unteren Klanghälfte unterhalb dieser Linie. Alle Punkt- und Schwebeklänge von Instrumenten, die nur Klänge in der gleichen Klanglage erzeugen können (z.B. das kleine Schlagwerk), werden auf der gleichen Linie notiert.

Beim Kreisspiel muß nicht immer bei Nummer (1) angefangen werden. Das Spiel kann bei jeder Nummer beginnen. Wichtig ist nur, daß der Kreis immer wieder geschlossen wird. Die Reihenfolge kann auch mit dem oder gegen den Uhrzeigersinn erfolgen.

Wenn dieses „Kreisspiel" auf großer Pappe aufgemalt und für die Kinder gut sichtbar aufgehängt wird, können die Kleinen bereits eine „Partitur" abspielen. Sie können mitlesen, wann sie an der Reihe sind und was sie zu spielen haben.

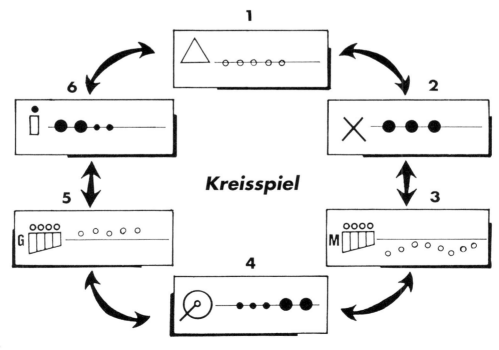

Jenny Neuhäuser

Vorbilder des Teilens _____ m9

Verklanglichung des Märchens:
Die Sterntaler

Im folgenden Abschnitt soll das Märchen „Die Sterntaler" verklanglicht werden. Dabei kann man versuchen, mit den Kindern eine passende Verklanglichung zu finden, aufzuschreiben und dann zu reproduzieren. Oder man versucht, eine gegebene Partitur zu erarbeiten und abzuspielen.

Die nachfolgende Fassung stützt sich im wesentlichen auf wiederkehrende Motive. Dadurch wird die musikalische Gestaltung für Kinder durchsichtiger und kann in der Reproduktion besser behalten werden, z.B. das traurige Motiv auf dem Metallophon oder das Laufmotiv auf dem Xylophon.

Es ist zu beachten, daß die Verklanglichung immer jeweils nach dem gesprochenen Text erfolgt.

Die Sterntaler

Es war einmal ein kleines Mädchen. Das hatte keine Eltern und kein Zuhause mehr.

Es besaß nur noch die Kleider, die es anhatte, und ein Stückchen Brot, das ihr eine Nachbarin geschenkt hatte.

Und weil es so verlassen war, ging es hinaus in die Welt.

Da begegnete ihm ein armer Mann,

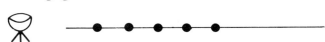

der sprach: „Ach, gib mir etwas zu essen, ich bin so hungrig." Das Mädchen schenkte ihm das ganze Brot

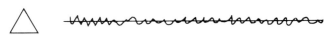

und ging weiter.

Da kam ein Kind,

 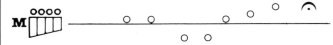

das jammerte und sprach: „Ich friere so an meinem Kopf, gib mir dein Mützchen."

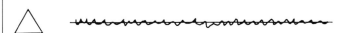

Das Mädchen nahm seine Mütze ab, schenkte sie dem fremden Kind

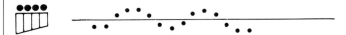

und ging weiter.

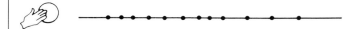

Nach einer Weile kam ein anderes Kind,

das hatte kein Jäckchen an und fror.

Das Mädchen gab sein Jäckchen hin

m9 — **Vorbilder des Teilens**

und später noch einem anderen Kind sein Röckchen.

Endlich gelangte es in einen dunklen Wald.

 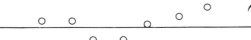

Da kam noch ein Kind

und bat um ein Hemdchen.

Und weil es dunkel war, verschenkte das Mädchen auch noch sein Hemdchen.

 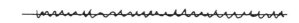

Da fielen auf einmal die Sterne vom Himmel und waren lauter harte blanke Taler.

 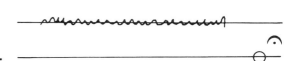

Und obwohl es sein Hemdchen weggegeben hatte, trug es nun ein neues aus feinstem Stoff. Da sammelte es die Taler hinein und war reich.

Jenny Neuhäuser

Kommentare zum Märchen „Die Sterntaler"
in: F.Betz, Märchen als Schlüssel zur Welt, E.Kaufmann/J.Pfeiffer, S.55 ff.
in: F.Betz/A.Becker/W.Kettler, Vorschulerziehung V, J.Pfeiffer, S.17ff.

Vorbilder des Teilens ———————————————————————————— m9

Text: Wilhelm Willms Melodie: Wilhelm Keller (Rechte beim Autor)

1. wir teilen die äpfel aus,
   wir teilen garten und haus.

2. wir teilen freude und leid,
   wir teilen bett und kleid.

3. wir teilen hunger und not,
   wir teilen wasser und brot.

4. wir teilen erde und meer,
   uns fällt das teilen schwer.

Das Leise

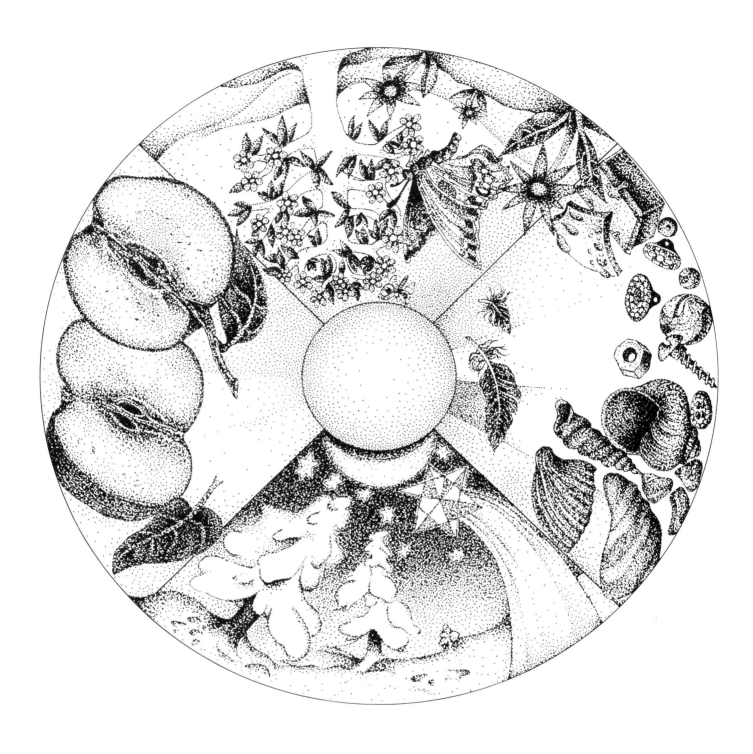

m1	Stille Bilder	192
m2	Leise Vorspiele	198
m3	Leise Zwischenspiele	200
m4	Das Leise – wenn ich schlafen gehe	207
m5	Das Leise – wenn die Weihnachtszeit kommt	217
m6	Das Leise – wenn der Schnee fällt	236

Das Leise

Leise werden wir
in den schönsten Momenten
unseres Lebens,
wenn wir zärtlich sind,
fasziniert oder andächtig.

Je öfter wir leise werden,
um so mehr werden wir
kostbare Momente
in unserem Leben erfahren.

Das Leise

Erfahrungsfeld der Kinder

Die Bedeutung des Leisen im Leben der Kinder wird erst deutlich, wenn man sich bewußt macht, welchen Raum Lautes in ihrem Leben einnimmt, akustisch und auch optisch. Da ist Lautes auf der Straße, in den Geschäften, im häuslichen Bereich ... durch stundenlange Beeinflussung von Radio, Fernseher, Kassettenrecorder, manchmal durch laute Menschen. Was von außen in die Kinder eindringt, wirkt noch lange nach.

Durch die Fülle und Aufdringlichkeit des Lauten werden die Kinder stark belastet, oft überfordert. Sie reagieren darauf mit ihrem ganzen Körper und ihrer empfindlichen Seele: durch Störungen im vegetativen Nervensystem, durch aggressives Verhalten oder durch Verstummen. Solche Kinder zeigen im Kindergarten oder in der Schule Unruhe, unkontrollierte Motorik, lärmendes, zielloses Sichbewegen und mangelnde Konzentration.

In jeder Gruppe treffen Kinder zusammen, die von zu Hause her eher an das Laute, und andere, die eher an das Leise gewöhnt sind. Bei kleineren Kindergartenkindern läßt sich beobachten, wie sie sich die Ohren zuhalten, wenn es einmal zu laut wird.

Für viele Kinder ist der Kindergarten der Ort, den sie als ruhenden Pol erfahren, wo nicht Radio oder Fernseher für eine Geräuschkulisse sorgen.
Eine leise Atmosphäre wirkt sich auf die Kinder aus. Das ist keineswegs nur eine Erfahrung ihres Hörens. In der konzentrierten Hingabe an eine Sache – eine gut vorbereitete Umgebung vorausgesetzt – finden Kinder zu einer inneren Gelöstheit, zur Ruhe und gleichzeitig zum Zuhören und Verstehen.
Das Gesumm ruhig miteinander sprechender Kinder, alle Geräusche, die von den Tätigkeiten der Kinder im Freispiel kommen, unterstreichen die Stille im Gruppenraum. Die Stille kommt also von innen heraus; denn wenn Kinder entspannt spielen und arbeiten, sind sie konzentriert und eher leise.

Wenn Kinder in einer Stille-Übung ein besonders großes Maß an Stille erfahren, ist das für sie meist ein erstaunliches Erlebnis. Sie erleben es gern und als etwas wohltuend Schönes.
Das Bedürfnis nach Stille und die Fähigkeit, das Leise wahrzunehmen, sind tief in den Kindern da. Bereits verschüttet, lassen sich Bedürfnis und Fähigkeit im Kindergartenalter noch behutsam wecken.

Kinder erfahren Leises, wenn es ihnen vorgelebt wird durch die Bereitschaft zur Aufmerksamkeit, zum Hören und Schauen, durch leise Bewegungen und zärtliche Gesten. Sie begegnen dem Leisen in nettem Zusammenleben und in rücksichtsvollem Verhalten. Kinder können Türen leise öffnen und schließen, einen Stuhl geräuschlos hinstellen ... Sie finden das Leise, Unscheinbare, Verborgene, wo ihnen Raum und Zeit bleibt, selbst zu entdecken.

Leises erfahren Kinder auch aus der ästhetischen Gestaltung von Räumen, wo sich nichts sensationell vordrängt und kein Übermaß an Eindrücken wirksam ist.

Die Winterzeit mit Advent und Weihnachten macht Kinder in höherem Maße für leise Erlebnisse aufgeschlossen:

Leises wird ersehnt.
Leises liegt nahe.

Das Leise

Dimension des Themas

Wir sind einer lauten Welt ausgesetzt und nehmen uns oft nicht genug Zeit, ruhig zu werden, nach innen zu blicken oder zu hören, um Leises wahrzunehmen.
In unserer hektischen Zeit nehmen sicherlich die Kinder am meisten Schaden. Der übermäßige Einfluß von Außenweltreizen macht eine ganzheitliche Entfaltung von klein auf schwer.

Kindern sollte möglich sein, aus der ihnen angemessenen Muße und einer versunkenen Haltung heraus der Welt zu begegnen, wahrnehmend den je und je gegenwärtigen Augenblick zu erleben, Stück für Stück in die Welt einzudringen, auch in das Leise, Verhaltene, Heimliche, Stille, Flüsternde, kaum Hörbare, Ruhige, Verborgene.

Das Leise äußert sich in Dingen und Erscheinungen und im Wort und Tun des Menschen.
Das Leise ist auf vielerlei Weise erfahrbar: durch Hinhören, Lauschen, Schauen, Empfinden, Fühlen, Innewerden. Hieraus entfalten sich Kraft und Phantasie, bekommen Denken, Wollen und Lieben Anstöße und Anregungen, erwachsen Besinnung und Sinn, Helfen und Hilfe, Gutsein und Güte, Beruhigendes und Ruhe, Freude und Glück.

Zur ganzheitlichen Entfaltung des Kindes gehört das Leise. Es vermittelt Eindrücke, erschließt Wirklichkeit ... So ist das! So bist du!

Kinder sind abhängig von der Vermittlerrolle der Erwachsenen. Es gilt, die ganzheitlichen, spontanen, auch leisen Äußerungen des Kindes ernst zu nehmen, sie zu beschützen und sie zu ermöglichen. „... hören wir den Kindern zu, achten wir auf den Inhalt dessen, was sie sagen, weniger auf die Lautstärke; erkennen wir, was ihre Augen, ihr Mund, ihre Körperhaltung zum Ausdruck bringen. Achten wir darauf, was sie fühlen, wenn sie uns an die Hand fassen, sich auf unseren Schoß setzen und uns einhaken." 1)

Die Einheit zum Thema „Das Leise" will in einigen Beispielen, die ganz auf die jahreszeitliche und festzeitliche Situation hin ausgerichtet sind, Anregungen geben, gemeinsam mit den Kindern Leises zu erfahren: leise Phänomene in der Natur, die uns faszinieren; zärtliche Situationen zwischen uns Menschen, die uns verwandeln können; wache und aufmerksame Erfahrungen, die uns andächtig machen.

Leise Erfahrungen lassen sich im ganztägigen pädagogischen Prozeß fördern aus einer ruhigen Aufmerksamkeit heraus, einer Aufmerksamkeit auf das, was uns umgibt, was wir fühlen, riechen, sehen, hören und tasten. Verweilende Eindrücke wirken nachhaltiger und tiefer.
Die gut vorbereitete Umgebung im Gruppenraum vermeidet ruhelosen Leerlauf und führt zu schöpferischem Tun und zielbewußten Aktivitäten. Leise Erfahrungen werden ermöglicht.

In den Wintermonaten bietet auch die Gestaltung des Gruppenraumes die Möglichkeit, eine leise Atmosphäre entstehen zu lassen, in der es warm ist, behaglich und schön, und wo man sich wohlfühlt, und Kinder sich im Miteinander freuen können.

Die Besinnlichkeit und Stille paßt gut zur Weihnachtszeit. Die leise Botschaft von Weihnachten kann im Kindergarten sichtbar und spürbar werden – Kinder sind noch offen für echte Innerlichkeit und wahre Sinngebung.

In der Advents- und Weihnachtszeit wird in Kindergärten verstärkt situativ gearbeitet. Festtage, Brauchtum und Witterung bestimmen mehr als sonst im Jahr das Geschehen im Kindergarten. Drei Materialblöcke zum übergeordneten Begriff „Das Leise" können wechselseitig genutzt und nach Bedarf eingesetzt werden.
Das Leise – wenn ich schlafen gehe
Das Leise – wenn die Weihnachtszeit kommt
Das Leise – wenn der Schnee fällt

---

1) vgl.: Iris Mann, Die Kraft geht von den Kindern aus, S.115f, Frankfurt 1982/5.

Das Leise

Modellziel

Fähigkeit entwickeln,

- wahrzunehmen, was sich gerade ereignet in Dingen und Erscheinungen, im Wort und Tun des Menschen; auch das Leise bemerken, d.h. Stilles, Verhaltenes, Verborgenes;
- in Lautem und Leisem Wirklichkeit von Welt und Menschen zu entdecken;
- feine Nuancen, die das Leben vielfältig und reich machen, zu spüren;
- leise Kräfte in sich zu wecken und zu ganzheitlicher Entfaltung zu finden;
- zu schauen, zu lauschen, hinzuhören, zu empfinden, inne zu werden;
- Stilles und Leises als schön zu erfahren, weil sich einem eröffnet, was sonst entgeht;
- durch Ruhe, Sammlung und Aufmerksamkeit zu eigenem Tun zu kommen, dadurch Rücksichtnahme, Verständnis und Geduld anderen gegenüber zu üben;
- Leises schöpferisch und spielerisch zu nutzen;
- in bestimmten Momenten des Lebens still zu werden – leise, zärtlich, andächtig – und zu staunen;
- die weihnachtliche Zeit in Ruhe und Besonnenheit zu begehen;
- die winterliche Zeit auch in ihren stillen Momenten zu erleben.

Das Leise

Jemandem nett zulächeln
Ein schlafendes Kind betrachten, sein ruhiges Atmen hören
Jemandem zärtlich über das Haar streichen
Hand in Hand gehen
Einander gegenübersitzen, sich anschauen – sich mögen
Einem Weinenden Tränen abtrocknen
Jemandem lachend zuwinken
Jemanden vor Freude umarmen
Am Krankenbett sitzen und Zeit schenken
Jemandem zu trinken geben, der den Becher nicht halten kann
Heimlich eine schöne Überraschung bereiten
Gemeinsam ein Geheimnis haben

Durch die Straßen gehen, vorbei an erleuchteten Fenstern
Im gemütlich warmen Raum sitzen, wenn es draußen kalt ist
Lesen – Vorlesen – Zuhören
Einen Brief schreiben
Wein kosten
Musik hören
Bilder betrachten
Ein Bild malen
Mikado spielen
Ein Kartenhaus bauen
Einem Schattenspiel zuschauen
Eine Katze kraulen
Blumen pflegen
Einen guten Duft einschnuppern
Maroni oder Bratäpfel zubereiten und gemeinsam essen
Am Kaminfeuer sitzen
Um den Adventskranz sitzen
In das Kerzenlicht vom Weihnachtsbaum schauen
Still in einer Kirche sitzen
Tagträumen nachhängen
Im Bett liegen und einschlafen

Stille Bilder der Natur:
Eine einzelne Blume im Herbstlaub
Blütenblätter einer „späten Blume" im Schnee
Der Sternenhimmel
Der Mond zwischen den Zweigen
Ein Spinnennetz
Wassertropfen an Bäumen im Sonnenlicht
Taumelnde Schneeflocken
Vögel im Schnee
Der Winterwald
Die weiße Schneedecke, die verhüllt
Frühlingsblumen, die durch die Schneedecke brechen
Aufbrechende Knospen

Elternbrief

Liebe Eltern,

die Advents- und Weihnachtszeit steht nun bevor, eingebettet in eine Zeit, in der sich die Natur still und verhalten zeigt. In dieser Zeit liegt es nahe, die Kinder im Kindergarten zum Leisen bewußt hinzulenken.

> Das Leise – wenn ich schlafen gehe
> Das Leise – wenn die Weihnachtszeit kommt
> Das Leise – wenn der Schnee fällt

In diese Erfahrungsbereiche der Kinder gliedern wir unser Thema. Leise-Übungen, Übungen des täglichen Lebens, Spiele, Gestaltungsarbeiten, Beobachtungen, Bilder, Geschichten, Lieder und natürlich die Feier des Advents in einer besonderen Atmosphäre sollen uns zu den schönen Erfahrungen des Leisen führen.

In unserer hektischen Zeit nehmen wir uns oft nicht Zeit für stille, besinnliche Dinge. Wir nehmen sie oftmals gar nicht wahr, weil wir uns so gefordert und überfordert fühlen. Termine, Verpflichtungen und der Einfluß von Radio und Fernsehen nehmen uns Mußezeiten. Die Kinder spüren unsere Hast und Ungeduld.

Die Kinder brauchen ganz notwendig Ruhe und Stille und leise Erfahrungen für eine gesunde Entwicklung, um bestimmte Fähigkeiten zu erlernen, und um die leisen Äußerungen des Lebens zu erfahren.
Das Stille und Leise macht die Kinder ruhig, konzentriert und ausgeglichen; wichtige Eigenschaften, die sie auch in der Zukunft für alles Lernen brauchen.

Alle Jahre wieder freuen sich die Kinder auf den Glanz und das Licht der brennenden Kerzen im Advent; darauf, wenn die Schneeflocken fallen und die weiße Schneedecke unsere Welt leise verzaubert; und natürlich darauf, wenn am Abend die Eltern ans Bett kommen und zärtlich „Gute Nacht" sagen.

Kinder können Leises erfahren, durch unsere Bereitschaft zur Aufmerksamkeit, zum Hinhören, Lauschen, Schauen und durch unsere zärtlichen Gesten.

Eine Adventszeit mit leisen Erlebnissen
wünschen wir Ihnen und uns!

Stille Bilder _____ **m1**

Maria Montessori erzählt, wie sie mit Kindern ein schlafendes Baby beobachtet. Es atmet ganz still. Die Kinder sind davon sehr beeindruckt; sie versuchen, genauso still zu sein.

Sich durch den Text und das Bild anregen lassen, auch einmal in ähnlicher Weise in der Gruppe den Kindern ein Baby – mit Mutter – nahe zu bringen.

Eines Tages betrat ich das Schulzimmer, auf dem Arm ein vier Monate altes Mädchen, das ich der Mutter auf dem Hof aus den Armen genommen hatte. Nach dem Brauch des Volkes war die Kleine ganz in Windeln gewickelt, ihr Gesicht war dick und rosig, und sie weinte nicht. Die Stille dieses Geschöpfes machte mir großen Eindruck, und ich suchte mein Gefühl auch den Kindern mitzuteilen. „Es macht gar keinen Lärm", sagte ich, und scherzend fügte ich hinzu: „Niemand von euch könnte ebenso still sein." Verblüfft beobachtete ich, wie sich der Kinder rings umher eine intensive Spannung bemächtigte. Es war, als hingen sie an meinen Lippen und fühlten aufs tiefste, was ich sagte. „Sein Atem geht ganz leise", fuhr ich fort. „Niemand von euch könnte so leise atmen." Erstaunt und regungslos hielten die Kinder den Atmen an. Eine eindrucksvolle Stille verbreitete sich in diesem Augenblick. Man hörte plötzlich das Ticktack der Uhr, das sonst nie vernehmbar war.

Es schien, als hätte der Säugling eine Atmosphäre von Stille in dieses Zimmer gebracht, wie sie im gewöhnlichen Leben sonst nie besteht.

vgl.: Maria Montessori, Kinder sind anders (Il segreto dell'infanzia)
bearbeitet von H. Helming, aus dem Italienischen von P. Eckstein/U. Weber
Verlag Klett-Cotta, Stuttgart 1988/12.

m1 _____ **Stille Bilder**

Ein schlafendes Baby

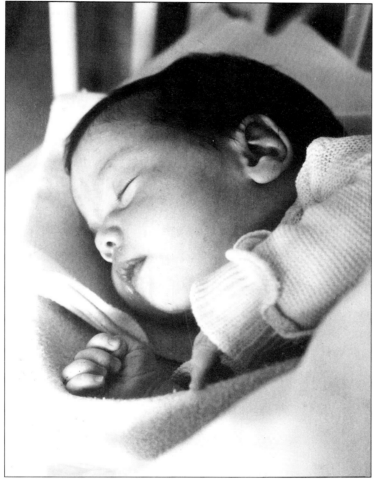

Foto: Sin-Pfältzer/Bavaria, Gauting

Stille Bilder _____ **m1**

Erzählt wird eine poetische, sehr leise Geschichte vom Winterschlaf in der Natur. Wie immer im Spätherbst beschneidet der Gärtner Ros die Sträucher und gräbt die Beete um.
Nur der Klatschmohn läßt sich noch nicht zur Winterruhe verabschieden, – erst als der Raureif den Park überzieht.

Für den Gärtner Ros sterben die Sträucher und Blumen im Winter nicht ab, für ihn schlafen sie nur. Er freut sich auf das Wiedersehen im nächsten Jahr.

Die Geschichte kann die Kinder dazu anregen, die schlafenden Blumen und Sträucher ein wenig so wie der Gärtner Ros zu sehen.
Die Kinder können ihre eigenen anfanghaften Erfahrungen einbringen.

Ros und der Klatschmohn

Es ist Spätherbst. Die Blumen im Park sind verblüht.

„Nächstes Jahr sehen wir uns wieder", sagt Ros. Er beschneidet die Sträucher und gräbt die Beete um.

Da findet er an einer abgelegenen Stelle einen großen roten Klatschmohn. Er steht in voller Blüte.

„He du", sagt Ros, „der Winter kommt. Du solltest dich zurückziehen!"

Aber der Mohn kümmert sich nicht darum. Er blüht.

Da gibt Ros ihm Wasser, damit er nicht dürsten muß.

Jede Nacht wird es ein wenig kälter. Der Frost kommt, und eines Morgens hat der Rauhreif den Park ganz weiß überzogen. Und ein bißchen geschneit hat es auch.

Ich muß nach dem Mohn sehen, fällt es Ros ein.

„Hallo!" ruft er, „wie geht es dir?"

Die roten Klatschmohnblätter liegen im Schnee.

„Na, Gott sei Dank", sagt Ros zu sich selber. „Er hat sein Blütenkleid ausgezogen. Dann schläft er wohl schon."

Gina Ruck-Pauquèt
aus:
Gärtner Ros und seine Freunde
Verlag Loewes, Bindlach 1984

m1 _____ ***Stille Bilder***

Eine schlafende Blume

Foto: Otto/present, Essen

Stille Bilder _____ **m1**

Für alle,
die mit Kindern zu tun haben

Kinder

Sind so kleine Hände, winz'ge Finger dran.
Darf man nie drauf schlagen, die zerbrechen dann.
Sind so kleine Füße mit so kleinen Zehn.
Darf man nie drauf treten, können dann nicht gehn.

Sind so kleine Ohren scharf, und ihr erlaubt:
Darf man nie zerbrüllen, werden davon taub.
Sind so schöne Münder, sprechen alles aus.
Darf man nie verbieten, kommt sonst nichts mehr raus.

Sind so klare Augen, die noch alles sehn.
Darf man nie verbinden, könn' sie nichts verstehn.
Sind so kleine Seelen, offen und ganz frei.
Darf man niemals quälen, gehn kaputt dabei.

Ist so 'n kleines Rückgrat, sieht man fast noch nicht.
Darf man niemals beugen, weil es sonst zerbricht,
G'rade, klare Menschen wär'n ein schönes Ziel.
Leute ohne Rückgrat hab'n wir schon zuviel.

Bettina Wegner
(Rechte bei der Autorin)

m1 _____ **Stille Bilder**

Eine zärtliche Geste

Foto: Markus
aus:
Marcella Barth/Ursula Markus, Unter Kindern oder wenn kleine Hände uns entführen
Verlag Pro Juventute, Zürich 1987

Leise Vorspiele _____ **m2**

Einstieg in die Einheit

Zum Einstieg in die Einheit lenkt eine kleine Geschichte die Aufmerksamkeit der Kinder geschickt auf das Leise. Nur feine Ohren hören die feine Mäusemusik.
Als Vorbereitung auf die „mauseleise Geschichte" können die Kinder das Leise durch verschiedene Übungseinheiten erfahren.

Übungseinheiten

- Die Kinder bewegen sich durch den Raum, wobei sie selbst entscheiden, ob sie gehen, auf den Fußspitzen schleichen, auf allen vieren kriechen, krabbeln oder gleiten.
  Gemeinsam wird besprochen, welche Fortbewegungsart die leiseste war.

- Die Kinder sitzen im Raum verteilt auf dem Boden und horchen auf Geräusche, die zunächst von der Erzieherin, später auch im Wechsel von den Kindern ausgeführt werden; ihre Augen sind geschlossen.
  Die Erzieherin reibt ihre Hände,
  kratzt an ihrer Kleidung,
  klatscht (!) zwei Finger aufeinander,
  tippt einmal mit dem Fuß oder einem Finger auf den Boden,
  wischt mit der Fußsohle,
  flüstert ein Wort,
  macht ein Lippengeräusch, summt einen Ton usw.
  Wenn die Kinder das Geräusch erkannt haben, sollen sie es nicht
  benennen, sondern nachmachen.

- Jedes Kind versucht, sich so leise wie möglich hinzusetzen und wieder aufzustehen,
  einen Reifen leise hinzulegen oder einen Stuhl.

- Besonders leise Spieltechniken werden an einer Handtrommel ausgeführt.

- Ein Klingender Stab wird nur mit der Fingerspitze angetippt.
  Wer hört den Ton? Wer kann ihn nachsummen?

- Die Erzieherin flüstert Namen der Kinder, das genannte Kind nimmt auf dem Boden eine besondere Haltung ein.

- Die Erzieherin öffnet das Fenster. Was ist zu hören?
  Vogelstimmen, ferne Verkehrsgeräusche, Hundegebell, der Schlag einer Kirchturmuhr, Menschenstimmen, das Rauschen des Regens, des Windes usw.

- Kinder und Erzieherin unterhalten sich über Leises, das sie aus ihrer Umwelt kennen:
  Irgendwo im Haus läuft die Wasserspülung, wird eine Tür geschlossen, spielt ein Radio, der große Bruder murmelt seine Hausaufgaben.
  Draußen im Wald hört man leise die Bäume rauschen, die Zweige knacken unter den Fußsohlen, das Bächlein plätschert, ein Vogel ruft, ein Flugzeug brummt.

Auch das Laute muß besprochen und als Kontrast zum Leisen einmal gespielt werden; denn auf das Leise zu horchen oder selbst Leises zu tun, erfordert große Konzentration, die besonders bei kleinen Kindern mit der noch zu entwickelnden Behutsamkeit und Rücksicht kombiniert ist.

Die Erzieherin sollte die akustischen Übungseinheiten für das Leise nicht überdehnen.

Christel Neuhäuser-Jentges

Eine mauseleise Geschichte

Auf einem Bauernhof lebte in einer alten Scheune eine Mäusefamilie ganz vergnügt miteinander. Tagsüber sammelten sie die Körner von den Feldern, suchten Bucheckern unter den Bäumen und zupften die Schafwollflocken von den Zäunen, denn der Herbst war wieder einmal mit Regen und Wind ins Land gekommen. Da wollten es die Mäuse schön gemütlich haben in ihrem gepolsterten Nest. Abends wisperten sie sich Geschichten vor, oder der Mäusevater pfiff ein paar Lieder, die er von seinem Vater und Großvater gelernt hatte. Dabei wollten die Kinder immer gerne mitmachen, nur wußten sie noch nicht wie, und laut werden durfte es auch nicht, das konnte niemand in der Familie vertragen. Schon oft hatte die Mäusemutter ein Kind ins Nest stecken müssen, weil es beim Gebrüll einer Kuh Ohrenschmerzen bekommen hatte, die eine Woche dauerten. Immer wurden die Kinder ermahnt, auf die leisen Dinge zu horchen, besonders auf den Schritt der Katze auf dem Dachboden der Scheune. Wenn dort Heu raschelte, wußten sie schon, daß Gefahr drohte.

Eines Tages merkten sie, daß auf dem Bauernhof etwas Besonderes los war. Von fern hörten sie das Gebrüll der Kühe, der Hund bellte, die Gänse schnatterten, und viele Wagen kamen auf den Hof gefahren, die sie noch nie gesehen hatten. Der Mäusevater stopfte sich ein bißchen Schafwolle in die Ohren und huschte auf den Hof. Dort stiegen gerade ein paar Musikanten von einem besonders geschmückten Wagen, auch eine Braut und ein Bräutigam kamen hinterher und wurden mit großem Hallo empfangen. Da merkte der Mäusevater, daß ein Fest mit Musik gefeiert werden sollte, und da wollte er gern zuhören, auch aus sicherer Entfernung. Auf dem Hof gab es einen vertrockneten Baum, er war schon ganz hohl innen, aber man konnte sich herrlich darin verstecken. Und so saßen am Abend alle Mäuse gerade so weit von den Musikanten entfernt, daß sie alles noch sehr gut hören konnten: den Flötenspieler, den mit der Trommel und schließlich einen, der aus seinem Baß tiefe Töne hervorzupfte, die den Mäusen besonders gut gefielen. Schließlich klopften alle mit ihren Schwänzen den Takt und waren sehr vergnügt.

Am nächsten Abend nach der Tagesarbeit wisperten sie noch lange über die schöne Musik, und plötzlich begann der Mäusevater eine neue Melodie zu pfeifen, eine von denen, die er sich am Abend vorher gemerkt hatte. Da wußten auch die Kinder, wie sie mitspielen konnten. Sie machten sich ein paar Instrumente: das eine blies auf einem Strohhalm, das andere knüpfte ein paar Pferdehaare an einen gebogenen Zweig und begann zu zupfen, das dritte schließlich trommelte auf einer leeren Nußschale. Die Mäusemutter schlug in ihre winzigen Hände, und alle waren vergnügt.

Und wenn du nächstens am Abend einmal an der alten Scheune vorbeikommst und feine Ohren für das Leise hast, so kannst du sie sicherlich musizieren hören.

Christel Neuhäuser-Jentges

Leise Zwischenspiele _____ **m3**

Ein mauseleises Fingerspiel

Die Kinder sitzen mit der Erzieherin am Tisch. Jedes Kind erhält zwei geknickte Streichhölzchen und ein Stückchen zerknittertes Pergament- oder Cellophanpapier.
Die Verse werden gesprochen und mit den Hölzchen wird auf den Tisch getippt.

Hört ihr das Klipp-Klapp, Klipp-Klapp?	
Hört ihr das Tripp-Trapp, Tripp-Trapp?	
Tippe, tappe, tippe, tappe.	tippen
Tippe, tappe, tippe, tappe.	
Viele, viele Mäuse kommen.	
Tip, tap, tip, tap.	
Tip, tap, tip, tap.	tippen
Tip, tap, tip, tap.	
Hört ihr es wispern?	tuscheln, wispern, flüstern
Hört ihr es knistern?	knistern mit Papier
Tippe, tappe, tippe, tappe.	tippen
Tippe, tappe, tippe, tappe.	
Viele, viele Mäuse kommen.	
Tip, tap, tip, tap.	tippen
Tip, tap, tip, tap.	tuscheln, wispern, flüstern
Tip, tap, tip, tap.	knistern

Übungen des praktischen Lebens

„Durch die Übungen des praktischen Lebens kommen die Kinder dazu, die einfachen Dinge der Umgebung zu sehen, zu achten und schließlich zu lieben. Das Kind wird davor bewahrt, ein Mensch zu werden, der stumpf über alles hinwegsieht: Es bildet Organe, die fühlsam und beweglich machen und helfen, daß ein Zusammenleben reibungslos und schön gelingt." 1)
Durch die Übungen des praktischen Lebens werden gleichzeitig Verhaltensweisen eingeübt, die für eine gute Gemeinschaft notwenig sind.

1)2) vgl.: Helene Helmig, Montessori-Pädagogik, S.38, Freiburg 1966

gG | **Unterweisung:** Wie man eine Tür öffnet und schließt.
Wie man Stühle trägt und verrückt.
Wie man Material trägt.
Wie man den Fußboden von Papierschnitzeln etc. leerfegt.
Wie man Geschirr anfaßt und aufstellt.

Hinweise für Unterweisungen:
Die Aufmerksamkeit der Kinder sammeln.
Die „Technik" der Tätigkeit zeigen durch eindrückliche, klare Bewegungen, bei äußerster Sparsamkeit an sprachlichen Erklärungen.2)

Sinnesübungen

Duftschale

Material:
Flacher Korb, ausgelegt mit einer Stoffserviette, darin z.B. Bienenwachs (Kerze oder Wabe), eine Apfelsine, ein duftender Apfel, ein Tannenzweiglein, eine Dose, gefüllt mit Lebkuchengewürz, mit Weihrauchkörnern oder

m3   **Leise Zwischenspiele**

mit „Claire Burke Potpourri – Christmas Memories" (kostbare Blüten, Hölzer, Knospen, Blätter).
Dem Körbchen im Gruppenraum einen ruhigen Platz geben.

EP   Die Kinder dürfen den duftenden Inhalt des Körbchens einzeln in die Hand nehmen und sich an dem Duft erfreuen.

Partnerübung:
Ein Kind schließt die Augen, das andere Kind nimmt einen duftenden Gegenstand aus dem Körbchen und hält ihn dem Partner an die Nase – zum Erraten.

Geruchsdosen

Material:
Undurchsichtige Gefäße von der gleichen Sorte, verschließbar mit Stopfen und gelöcherten Deckeln, paarweise gefüllt z.B. mit Gewürznelken, Anis, Piment, Cardamon, Muskatblüte, Fenchel, Tannennadeln, getrockneten Apfelsinenschalen, Lavendelblüten, Weihrauchkörnern, Bienenwachs …
In einem Kästchen den Kindern anbieten.

EP   ***Spielanregung:***
Die Kinder nehmen die Geruchsdosen einzeln in die Hand und schnuppern daran. Sie vergleichen die einzelnen Gerüche und versuchen, die Geruchsdosen durch Riechen paarweise zu ordnen.

gG   ***In kleiner Runde um den Tisch:*** Ein Körbchen mit Geruchsdosen wird in der Tischrunde weitergereicht. Jedes Kind schnuppert und hält eine Geruchsdose fest. Der Reihe nach sagen die Kinder, warum sie gerade diese Dose gewählt haben, woran sie der Duft erinnert.

Farbbällchen

Material:
Farbbällchen in vielen Farbschattierungen, analog zu den Farbtäfelchen Montessoris.
Herstellung: Wollreste sammeln. Gleichgroße Kartonringe ausschneiden, Außendurchmesser etwa 5 cm, Innendurchmesser etwa 1,5 cm. Zwei Kartonringe aufeinanderlegen und mit Wolle einer Farbe dicht umwickeln. Mit einer Schere die Wolle rundum zwischen den Kartonringen durchschneiden, mit einem festen Faden das Knäuel zwischen den Kartonringen abbinden und die Kartonringe abziehen. Die Knäuel zu gleichmäßigen Bällchen zurechtdrücken.
Die Farbbällchen in einer schönen großen Schachtel mit Deckel den Kindern zum Spielen anbieten.

EP   ***Spielanregung:***
Die Kinder nehmen die Farbbällchen aus der Schachtel und ordnen sie nach ihrer Farbschattierung in beliebiger Form an: in Reihen, im Kreis, sternförmig …
oder: Die Kinder legen die Farbbällchen dicht aneinander zu Farbbildern.

Weitere Anregung: Farbbällchen nach Farben paarweise anfertigen und den Kindern in einer gesonderten Schachtel zum Zuordnen anbieten.

Hinweis: Farbige Wollbällchen reizen in ihrer Farbenvielfalt zum Anschauen und mit ihrer Weichheit zum Tasten.
Die Kinder werden aufmerksamer die Farben von Blumen, von Kleidungsstücken und anderen Dingen beachten.

Leise Zwischenspiele ──────────────────── **m3**

Beobachtungsspiele

Glitzertropfen

gG

Material:
kleine Zweiglein von Nadelbäumen, Schüsselchen, Wasser, Kerzen

Spielanregung:
Mehrere Kinder kommen um einen Tisch zusammen. Kerzen stehen mitten auf dem Tisch. Jedes Kind holt sich in einem Schüsselchen ein wenig Wasser und trägt es an seinen Platz. Die Erzieherin reicht ein Körbchen mit Zweigen herum und jedes Kind entnimmt ein Zweiglein. Die Kerzen werden angezündet. Die Kinder tauchen ihre Zweiglein kurz ins Wasser und halten es gegen das Kerzenlicht. Sie beobachten in Geduld, wie Tropfen „wachsen" und im Gegenlicht glitzern, sich lösen und abfallen. Das Eintauchen und Beobachten beliebig oft wiederholen.

Wandelsterne

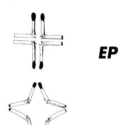

EP

Material:
Streichhölzer, etwas Wasser

Spielanregung:
Die Kinder sitzen um einen Tisch. Sie knicken immer vier Hölzchen und legen sie sternartig zusammen. Auf die Knickstellen geben sie einen Tropfen Wasser und warten ab.
Bald fängt der Stern an, sich zu regen und seine Gestalt zu wandeln. Die Erzieherin regt die Kinder an, das leise „Zauberstück" den Eltern oder anderen zu zeigen.

Lichterschiffchen

Material:
Holzbrettchen oder Styroporstücke, Kerzenreste, größere flache Wanne mit Wasser oder Wassertisch
Vorbereitung: Holz- oder Styroporstücke als Schiffchen gestalten, vielleicht mit Gold-Plaka ein wenig anmalen. Auf jedes Schiffchen einen Kerzen-Mast festtropfen.

gG

Spielanregung:
Die Kinder versammeln sich um ein größeres Wassergefäß (Schüssel, Wanne, Wassertisch). Sie setzen ihre Schiffchen vorsichtig auf das Wasser und entzünden die Kerzen. Sie beobachten, wie die Schiffchen sich auf dem Wasser langsam bewegen und sich die Lichter im Wasser golden spiegeln. Die Kinder dürfen die Schiffchen auch einzeln einmal mit einem Trinkhalm leise anblasen.

Leiseübungen

Die folgenden Anweisungen einzeln auf Kärtchen schreiben.

Eine kleine Gruppe von Kindern sitzt im Kreis. Die Erzieherin ruft immer ein Kind zu sich. Es darf ein Kärtchen ziehen und sich die Anweisung vorlesen lassen. Es führt die Anweisung aus. Die anderen Kinder hören und sehen still und abwartend zu.
Für die gestellten Anforderungen werden vorher auch die Voraussetzungen geschaffen. Einige Dinge werden vor dem Spiel bereitgestellt.

- *Schau im Kreis herum, zwinkere mit den Augen einem Kind zu, das zu dir kommen soll. Hakt euch unter und geht einmal im Kreis herum.*

- *Gehe – langsam – zur Gruppentür, öffne – leise – die Tür und schließe sie wieder.*

- *Gieße eine Topfblume auf der Fensterbank – nicht zu viel, nicht zu wenig.*

- *Sage uns zwei Tiere, die den Winter über schlafen.*

- *Gehe im Kreis umher, bleibe vor einem Kind stehen, nimm es an die Hand und geh mit ihm einige Male im Kreis herum.*

- *Schau dich um und sage uns, welches Bild dir in unserem Gruppenraum am besten gefällt (und warum).*

- *Gehe mit einem Glöckchen in der Hand durch den Kreis – ohne daß es viel klingt.*

- *Nenne uns Früchte, deren Schale man knacken muß, um die Kerne zu bekommen.*

- *Alle schließen die Augen, und du gehst so leise im Kreis herum, daß wir dich nicht hören.*

- *Gehe zum Fenster, schau hinaus und sage uns, was du siehst.*

- *Nimm ein Wasserglas, fülle es mit Wasser und trage es durch den Kreis.*

- *Vielleicht hast du einen großen Wunsch. Möchtest du ihn uns sagen?*

- *Hole aus der Bücherecke ein Buch, das dir gut gefällt und zeige uns im Kreis allen daraus ein Bild.*

- *Gehe zu einem anderen Kind und streichle ihm über den Arm oder über die Haare. Sage ihm auch etwas Nettes ins Ohr.*

- *Zünde eine Kerze an und trage sie vorsichtig im Kreis herum. Dann blase sie wieder aus.*

- *Abschlußkärtchen: Nimm die Schale (öffne das Kästchen), gehe herum und laß jedes Kind ein Teil nehmen.*
  Vorbereitet ist eine Schale mit Mandarinenstückchen oder Schokoladentalern, Plätzchen, Tannenzweiglein ... oder ein Kästchen mit Strohsternen oder vergoldeten Nüssen ...

Leiseübungen

Ein Glöckchen tragen

Material:
ein Glöckchen

gG

Spielanregung:
Die Kinder sitzen im Kreis. Sie schließen die Augen. Ein Kind trägt ein Glöckchen vorsichtig, daß es nicht tönt, im Kreis herum. Bei einem Kind bleibt es stehen und klingelt. Dieses Kind trägt nun das Glöckchen zu einem anderen Kind, ... bis alle einmal die Glocke getragen haben.

Auf einer Ellipse gehen

Material:
Kreide, ein Instrument (z.B. Metallophon oder Gitarre), evtl. verschiedene kleine Gegenstände

gG

Spielanregung:
Auf den Boden wird mit Kreide eine große Ellipse gezeichnet. Die Kinder sitzen außen herum.
Die Erzieherin spielt auf dem Instrument eine leise Melodie. Sie schaut ein Kind nach dem anderen an, das dann leise zur Ellipse geht. Die Kinder gehen hintereinander auf der gezeichneten Linie, Schritt für Schritt. Sie achten auf gleichmäßigen Abstand zueinander.
Wenn diese Übung eingeführt und einige Zeit eingeübt ist, darf jedes Kind beim Gehen auch etwas tragen, z.B. einen Stern an einem Faden, einen Tannenzweig, eine brennende Kerze, ein Glas Wasser ...)

Gerufen werden

Material: –

gGg

Spielanregung:
Die Kinder sitzen an den Tischen oder im Raum verteilt auf dem Boden. Sie entspannen sich und werden still. Die Erzieherin steht vorn im Raum, alle Kinder können sie gut sehen. Sie gibt – falls notwendig – mit leiser Stimme sparsame Anweisungen: Setzt euch so, daß ihr mich gut sehen könnt ... Sind alle Kinder aufmerksam geworden, sagt die Erzieherin leise den Namen eines Kindes und macht eine Geste, zu ihr zu kommen. Das Kind geht leise zur Erzieherin. Ein nächstes Kind wird von der Erzieherin ebenso gerufen – bis alle Kinder vorn sind. Die Erzieherin schaut alle Kinder noch einmal an.
Wenn die Erzieherin diese Form des Spiels eingeübt hat, kann sie sich auch vorn auf den Boden setzen (Knie-Versen-Sitz). Die Kinder, die sie ruft, setzen sich um sie herum.
Die Ruhe, die innere Sammlung, das Gelöstsein, das Glücklichsein könnten ausgenutzt werden für ein Gruppengespräch. Die Kinder könnten auch gefragt werden: Was ist schön an diesem Spiel? ... Daß du mich gerufen hast ... Daß ich kommen durfte ... Weil es so leise war ...

m3 *Leise Zwischenspiele*

Kreisspiele

Stille Post

Material: –

gGg

Spielanregung:
Die Kinder sitzen im Kreis. Ein Kind flüstert seinem Nachbarn ein Wort ins Ohr, das nun reihum weitergegeben wird, und der letzte sagt laut, was er verstanden hat. Ist es noch das Wort, das mit der Post geschickt wurde?

Verfeinerung des Spiels: Es gibt Kinder, die nicht genau hinhören, die zum Teil so sprechen, daß andere das Wort mithören können, oder die absichtlich Wörter weitergeben, die ähnlich klingen.

- Die Spielregel wird noch einmal bewußtgemacht.
- Nun üben sich die Kinder im deutlichen, artikulierten Sprechen von „leisen" Wörtern (z.B. Puppenhaus, Schneeflocke, Teddybär, Schaukelpferd, Abendstern, Geheimnis, Weihnachten, Kerze ...).
- Die Kinder probieren unterschiedliche Lautstärken aus.
- Ein Kind demonstriert, wie man am besten die Hände an das Ohr des Nachbarn hält, damit die übrigen möglichst wenig mithören.

Später läßt sich den Kindern eine schwierigere Aufgabe stellen:
Sie sollen z.B. ihrem Nachbarn leise sagen, was sie nach dem Kindergartenbesuch tun wollen, oder was sie sich zu Weihnachten wünschen;
die Erzieherin könnte ein sprachliches Modell vorgeben, z.B. „Ich möchte mit meiner Schwester Kaufladen spielen."

Sage mir, wer steht hinter dir?

Material: –

gG

Spielanregung:
Die Erzieherin sitzt mit den Kindern im Kreis. Sie ruft leise ein Kind zu sich. Das Kind kommt und legt seinen Kopf auf ihren Schoß, so daß es nichts sehen kann. Die Erzieherin winkt ein anderes Kind heran. Es stellt sich hinter das erste Kind und sagt mit ganz leiser Stimme: „Sage mir, wer steht hinter dir?"
Das erste Kind muß erkennen, wer hinter ihm steht.

Folge mir

Material: –

gGg

Spielanregung:
Alle stehen im Kreis. Ein Kind geht außen herum, tippt ein Kind an, das ihm folgt –, geht noch einmal um den Kreis und stellt sich an den freigewordenen Platz. Das zweite Kind geht herum und tippt ein drittes an ... Es dürfen gleichzeitig auch zwei oder drei Kinder unterwegs sein. Je gelassener die Kinder stehen, sich antippen lassen und gehen, desto aufmerksamer und ruhiger werden sie.

Leise Zwischenspiele

Rätsel und Scherzfragen

- In welchem Märchen ist es in einem Schloß ganz still, weil der ganze Hofstaat für lange Zeit in einen tiefen Schlaf gesunken ist? *(Dornröschen)*
- In welchem Märchen antworten die Kinder: „Der Wind, der Wind, das himmlische Kind"? *(Hänsel und Gretel)*
- In welchem Märchen schüttelt ein Mädchen die Betten aus, so daß die Schneeflocken leise zur Erde tanzen? *(Frau Holle)*
- Leuchten am Himmel so schön, doch sind sie nur nachts zu sehn. *(Die Sterne)*
- Oft ist er nur halb zu sehn, und doch ist er rund und schön. *(Der Mond)*
- Hat Federn und fliegt nicht, deckt dich zu, schenkt dir Ruh! *(Das Federbett)*
- Kinder halten es gern im Arm, schlafen bald dann still und warm. *(Ihr Kuscheltier)*
- Auf welche Frage kann kein Kind mit „Ja" antworten? *(Auf die Frage: Schläfst du schon?)*
- Wann sind Kinder am bravsten? *(Wenn sie schlafen)*
- M ..., laß dir sagen, wärmen Hände dir und Magen. *(Die Maronen)*
- Kinder, kommt und ratet, was im Ofen bratet? *(Die Bratäpfel)*
- Sein Namenstag ist ein Fest mit heimlichen, süßen Geschenken. *(Nikolaus)*
- Ist gewunden aus Tannenzweigen und geschmückt mit vier Kerzen. *(Der Adventskranz)*
- Steht Weihnachten in unserem Zimmer, strahlt hell im Kerzenschimmer. *(Der Weihnachtsbaum)*
- Sie finden in der Stadt Bethlehem keinen Platz, sie müssen in einem Stall übernachten. *(Maria und Josef)*
- Wunderbares ist gescheh'n in dem Stall von ... *(Bethlehem)*
- Sie finden das Kind in Windeln gewickelt und in einer Krippe. *(Die Hirten)*
- Fällt vom hohen Himmel und tut sich nicht weh, er legt sich auf alles; das ist der ... *(Schnee)*
- Sie wollen uns rauslocken, die weißen, weißen ... *(Flocken – die Schneeflocken)*
- Kann man wohl Wasser im Korb tragen? *(Als Schnee oder Eis)*
- Welche Schuhe tragen wir nicht an den Füßen? *(Die Handschuhe)*
- Heute darf mich niemand schubsen. Ich muß auf die Nase tupfen. Ich hab' ... *(Schnupfen)*
- Weiße Glöckchen im Schnee läuten ganz ganz leise den Frühling ein. *(Die Schneeglöckchen)*
- Welcher Mann verträgt keine Sonne? *(Der Schneemann)*

Das Leise und das Laute

Und weißt du, zu uns,
und weißt du, zu uns
kommt ins Haus
am Abend
etwas
sehr
Leises.

Und, glaubst du es
oder glaubst du es nicht,
es öffnet die Tür,
löscht das Licht
und befiehlt mir,
nicht mehr zu spielen,
sondern still
im Bett zu liegen.

Das ist also das Leise.

Und weißt du, zu uns,
und weißt du, zu uns,
kommt zu Besuch
am Morgen
etwas
sehr
Lautes.

Es bricht herein
durchs Fenster,
es scheint,
es singt,
und sagt mir:
Jetzt sing.
Und die Sonne taucht
hinter mir auf.

Das ist das Laute.

*Irina Piwowarowa
aus:
Elisabeth Borchers (Hrsg.), Das große Lalula
Verlag H. Ellermann, München 1971*

Das Leise – wenn ich schlafen gehe ───────────── m4

Am Abend

Foto: Niggemeyer
aus:
Antoinette Becker/Elisabeth Niggemeyer, Ich bin jetzt im Kindergarten
Verlag O. Maier, Ravensburg 1980

m4 _____ ***Das Leise – wenn ich schlafen gehe***

Foto und Gedicht:
Am Abend

Foto und Gedicht bringen miteinander ins Gespräch und lassen Kinder voneinander wissen, daß am Abend das Leise kommt, daß dann alle Kinder im Bett liegen und still werden.
Nach einem langen Tag sind Kinder müde, manchmal sind sie dann auch quengelig, und das Leise kommt nicht leicht. Es braucht noch Vaters oder Mutters Geschichte und Zärtlichkeit, den Kissenzipfel oder ein Tüchlein, den Teddy oder die Puppe oder noch einen winzigen Schluck Saft -"im Becher steckt schon ein Traum" (A.Becker, a.a.O.). Manche Kinder möchten bis fast zu den Augen zugedeckt sein, so finden sie es kuschelig. Sie werden leise, noch hören sie alles, sie schlafen ein.

gG	• Die Erzieherin schaut mit den Kindern das Bilderbuch „Wie Tierkinder schlafen" (H. Baumann, Thienemanns) an und verweilt besonders bei der Bilderbuchseite „Nun schlaf geschwind wie ein Murmeltierkind". Sie regt an, am nächsten Tag die Puppe, die sie gern mit ins Bett nehmen, oder ein „Schlaftier" zum Kindergarten mitzubringen.
EPG	• Anderntags zeigen die Kinder ihre Schlafpuppe oder ihr Schlaftier. Diese „frühstücken" und „spielen" im Freispiel mit.
	• Im Kreis dürfen die Kinder ihre Schlafpuppen oder ihre Schlaftiere auf dem Schoß halten, von ihnen erzählen oder mit ihnen etwas vormachen, z.B. mit ihnen sprechen, sie huckepack tragen, sie winken lassen, laufen lassen, sie wiegen, Hoppe-Hoppe-Reiter machen.
gG	• Die Erzieherin zeigt das Foto (Seite 208). Die Kinder erzählen spontan. Sie erzählen, wie es ist, wenn sie abends ins Bett gehen.
	• Die Erzieherin trägt das Gedicht vor:

> Und weißt du, zu uns, und weißt du, zu uns kommt ins Haus am Abend etwas sehr Leises.
>
> Und glaubst du es oder glaubst du es nicht, es öffnet die Tür, löscht das Licht und befiehlt mir, nicht mehr zu spielen, sondern still im Bett zu liegen.
>
> Das ist also das Leise.
>
> *Irina Piwowarowa, a.a.O.*

	• Sie spricht das Gedicht noch einmal betont leise. Die Kinder sprechen es zeilenweise mit.
	• Gesprächsimpuls: Wenn ihr heute abend schlafen geht, wie wäre es dann schön …
EPG	• Einige Kinder malen ein Bild vom Abend, wenn das Leise kommt. Andere formen aus Knetwachs ein Bettchen und ein Figürchen, dabei erzählen sie vom Schlafengehen. Stoffrestchen dienen als Bettzeug.

Das Leise – wenn ich schlafen gehe ——————————————————————————— m4

Unser kleiner Bär

Text: Rolf Krenzer Melodie: norwegisches Kinderlied

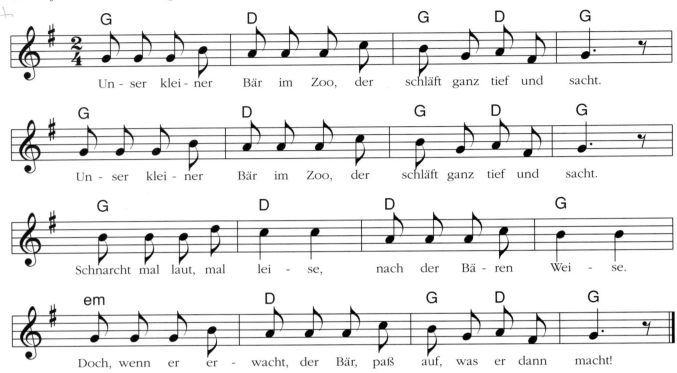

Un-ser klei-ner Bär im Zoo, der schläft ganz tief und sacht.
Un-ser klei-ner Bär im Zoo, der schläft ganz tief und sacht.
Schnarcht mal laut, mal lei-se, nach der Bä-ren Wei-se.
Doch, wenn er er-wacht, der Bär, paß auf, was er dann macht!

aus:
I.Lotz/R.Krenzer, Hast du unsern Hund gesehen?
Verlage Kaufmann und Kösel, Lahn und München 1976

Spielanregung:
Die Kinder sitzen im Halbkreis. Vorne steht ein Tisch, darüber ist eine große Decke gebreitet. Ein Kind setzt sich die Bärenmaske auf und kriecht unter die Decke in die „Höhle". Die Kinder singen: „Unser kleiner Bär ...". Beim Vers: „Doch, wenn er erwacht, der Bär, paß auf, was er dann macht!" kommt der kleine Bär aus seiner Höhle. Jeder mag in seiner Weise den kleinen Bären spielen, so z.B.:

sich recken und strecken,
gähnen, sich die Augen ausreiben,
sich kratzen und waschen,
sich schütteln,
brummen wie ein Bär,
sich kugeln,
nach allen Seiten gucken,
bedrohlich auf ein Kind zugehen
oder spielerisch liebkosend.

Der kleine Bär verschwindet wieder in der Höhle, ein anderes Kind darf „Bär" sein.

Gesprächsanregung:
Wenn jemand schläft, darf man ihn nicht aufwecken, dann soll man sich leise verhalten.

m4 — *Das Leise – wenn ich schlafen gehe*

Am Abend sehen wir das Mondschiff treiben,
und sieben Sterne stehen überm Haus.
Ich suche dir den allerschönsten aus,
der soll dann immer bei dir bleiben.
Schlaf ein, schlaf ein.

*Ursula und Bettina Wölfel
aus:
Vom Morgen bis zum Abend
Verlag Patmos, Düsseldorf 1987*

Anregungen zum Gestalten

Ein Nachtbild malen, einen bzw. sieben blinkende Sterne aufkleben. (Absprengtechnik: Mit Stockmar-Wachsfarbstiften ein „Draußenbild" zeichnen – nicht flächendeckend ausmalen. Die Zeichnung mit schwarzer Tusche oder Scriptol überstreichen.)

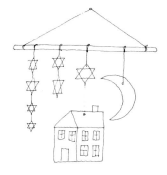

Ein Haus, ein Mondschiff und sieben Sterne aus geeignetem Papier zurechtschneiden und mit Fäden an einem Stöckchen befestigen.

Aus Karton einen Fensterrahmen mit Fensterkreuz zurechtschneiden und mit Transparentfolie hinterkleben.
Einen Mond und sieben Sterne auf der „Fensterscheibe" verteilen.

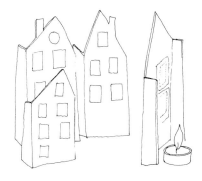

Häuser zurechtschneiden (Giebel, Schornsteine, Fenster, Türen), an beiden Seiten Faltkanten knikken. Die Fenster z.B. mit gelbem Transparentpapier hinterkleben.
Die Häuser auf einem Tisch gruppieren. Die Figuren vom Kleine-Welt-Spiel einbeziehen. Hinter den Häusern Teelichter anzünden.

Das Leise – wenn ich schlafen gehe m4

Abendreise

Text: Marina Palmen Melodie: Hubertus Vorholt

1. Ster-ne ge-hen auf die Rei-se, auf die A-bend-rei - se,

strah-len lei-se, lei-se, lei-se, pst, strah-len lei-se, pst, lei-se, lei - se.

2. Unser Mond geht auf die Reise,
   auf die Abendreise,
   leuchtet leise, leise, leise.
   leuchtet leise, leise, leise.

3. Tiere gehen auf die Reise,
   auf die Abendreise,
   schleichen leise, leise, leise,
   schleichen leise, leise, leise.

4. Kinder gehen auf die Reise,
   auf die Abendreise,
   träumen leise, leise, leise,
   träumen leise, leise, leise.

5. Eltern gehen auf die Reise,
   auf die Abendreise,
   schlafen leise, leise, leise,
   schlafen leise, leise, leise.

Weitere Strophen können ergänzt werden:
Kinder gehen auf die Reise,
auf die Abendreise,

essen leise ihre Brote
trinken leise ihre Milch
waschen leise ihre Hände
putzen leise ihre Zähne
schlüpfen leise in ihr Nachthemd
klettern leise in ihr Bett
hören leise eine Geschichte
drücken leise ihren Papa
küssen leise ihre Mama
halten leise ihren Teddy
träumen leise, leise, leise …

Zärtliche Gute-Nacht-Texte

Deckst du mich abends zu,
denk ich, wie schön es ist,
daß g'rade du
meine Mutter bist.

*Angela Sommer-Bodenburg
aus:
Ich lieb' dich trotzdem immer
(Bilder von Helme Heine)
erlag G. Middelhauve, Köln 1982*

Papa, der hat so viel Kraft,
das ist wirklich sagenhaft,
denn er trägt zwei Kästen Brause
mühelos allein nach Hause.
Doch küßt er mich zur guten Nacht,
dann tut er's ganz, ganz sacht!

*Angela Sommer-Bodenburg
aus:
Freu dich nicht zu früh, ich verlaß dich nie!
Verlag Rowohlt, Reinbek bei Hamburg 1987*

Bettina Wölfel, Patmos 1987

Ein Traum

„Vater!" schreit das Kind in der Nacht,
„ich hatte einen schlimmen Traum.
Eine Hexe hat ganz schrecklich gelacht,
und überall sind Gespenster im Raum!"

„Ja", sagt der Vater, „Donner und Regen
toben draußen und Blitz und Wind.
Ich will mich ein Weilchen zu dir legen."
„Schön warm bist du", flüstert das Kind.

*Viola Richter
aus:
H.-J. Gelberg (Hrsg.), Das achte Weltwunder, 5. Jahrbuch der Kinderliteratur
Verlag Beltz, Weinheim und Basel 1979
Programm Beltz & Gelberg, Weinheim*

Das Leise – wenn ich schlafen gehe ──────────────────────── **m4**

Einführung von Liegeklang und Schichtklang

Methodische Möglichkeiten

1. Um einen Liegeklang einzuführen, werden von der Erzieherin entsprechende Klangerzeuger auf einem Tisch zurechtgelegt: Ein Flötenkopf, mit Wasser gefüllte Weingläser, eine Kindertrompete, kleine und große Flaschen und andere „Blasinstrumente", auf denen man nur einen Ton in unveränderter Tonhöhe spielen kann.
Die Kinder werden aufgefordert, sich einen Gegenstand auszusuchen und darauf zu „spielen", d.h., einen Klang zu erzeugen. Bei den Blasinstrumenten dürfte das einfach sein. Schwieriger dagegen ist es schon, auf einer Flasche oder z.B. auf einem Schlüssel mit hohlem Ende einen Ton zu blasen. Die Erzeugung von Klängen auf Weingläsern sollte gezeigt werden: Die Kinder nehmen die mit Wasser gefüllten Gläser, fassen den Stiel eines Glases mit der einen Hand und reiben mit dem nassen Finger der anderen Hand (Zeige- oder Mittelfinger) gleichmäßig am oberen Rand des Glases entlang. Bei allen „Instrumenten" entsteht bei gleichbleibender Tonhöhe ein anhaltender Ton, der bei Weingläsern allerdings durch eine unterschiedliche Wasserfüllung verändert werden kann.

Der Liegeklang wird so notiert:

2. Der Einführung des Schichtklanges könnte der Versuch vorausgehen, die schweren Schritte eines Riesen klanglich darzustellen. Dabei müssen beachtet werden: die Größe und massige Gestalt des Riesen, die großen Füße mit den schweren Stiefeln, die weiten Schritte und das Dröhnen, wenn der Fuß aufgesetzt wird. Sicherlich werden die Kinder Vorschläge für die Verklanglichung bringen. Sie sollten sie auch ausprobieren, z.B. Paukenschläge, Klänge auf den Großbaßstäben usw.
Besonders gut eignen sich die Schichtklänge für die Darstellung des Riesen. Sie entstehen dadurch, daß mit Hilfe einer losen Klangplatte durch einen Querschlag mehrere nebeneinanderliegende Klangplatten eines Xylophons oder Metallophons angeschlagen werden, so daß sich ein Zusammenklang von mehreren Tönen bildet. Die Kinder sollten versuchen, den Querschlag so federnd auszuführen, als ob sie den Klang aus dem Instrument herausziehen wollten.

Querschlag (Cluster)

Wenn der Schichtklang weicher klingen soll, können statt des Querschlages mit der losen Klangplatte auch mehrere Schlegel zur Klangerzeugung eingesetzt werden. Sollte z.B. ein Schichtklang aus vier nebeneinanderliegenden Tönen bestehen, so könnte er entweder von vier Kindern mit jeweils einem Schlegel, von zwei Kindern mit jeweils zwei oder gar von einem Kind mit vier Schlegeln (in jeder Hand zwei) gespielt werden.

Der „Schichtklang" wird so notiert:

Man könnte ihn wegen seiner Beschaffenheit mit einer Torte vergleichen, die aus mehreren Schichten besteht und dadurch einen besonderen Reiz erhält.
Der Schichtklang kann auf allen Stabspielen gespielt werden.

m4 *Das Leise – wenn ich schlafen gehe*

Spiele mit Klängen

Für die Festigung der neuen Klänge sollten wieder kleine notierte Klangspiele angeboten werden, in denen aber auch die bisher bekannten Klangarten mitgeübt werden, z.B.:

1

Zu einem Liegeklang kommen später hohe Schwebeklänge auf dem Glockenspiel hinzu.

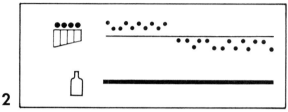
2

Ein Liegeklang wird zunächst von hohen, später von tiefen Punktklängen auf dem Xylophon begleitet.

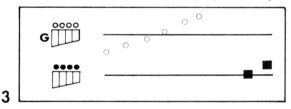
3

Aufsteigende Schwebeklänge auf dem Glockenspiel werden von zwei unterschiedlichen Schichtklängen auf dem Xylophon abgelöst.

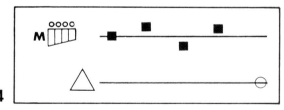
4

Vier Schichtklängen in verschiedenen Lagen folgt ein Schwebeklang auf dem Triangel.

In den zuvor notierten Klangspielen sind Instrumente und Klangnotation vorgegeben.

In den kommenden Beispielen sollen die Kinder selbst Vorschläge machen. Es sollen eingetragen werden: Instrumente zur vorgegebenen Notation, Notation zu gegebenen Instrumenten oder beides. Anschließend sollen auch diese Klangspiele musiziert werden.

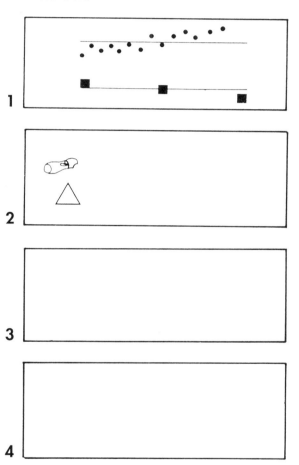

Geeignete Möglichkeiten zur Anwendung der Klangarten für eine musikalische Illustration bieten kleinere Verse, Gedichte oder Geschichten.

Jenny Neuhäuser

Das Leise – wenn ich schlafen gehe m4

Verklanglichung eines Gedichts

Der Text sollte zunächst vorgetragen werden. Dabei klären sich die Begriffe wie „Mondmann", „Feuermaus", die durch die „Reiser" huscht, der Wind, der im Ofenloch „Träume webt".
Die märchenhafte Stimmung soll durch Klangeffekte eingefangen werden. Im nachfolgend notierten Vorschlag steht der Text auf der linken Seite. Auf der rechten Seite ist jeweils die Verklanglichung notiert, die einer gesprochenen Zeile folgt oder mehrere Zeilen begleitet.
Die Schichtklänge zur Illustration des Mondmanns dürfen nicht zu laut sein. Statt eines Querschlages mit einer Klangplatte werden vier nebeneinanderliegende Platten – in verschiedenen Lagen – gleichzeitig mit vier Filzschlegeln angeschlagen.
Das Windgeräusch wird durch Blasen mit dem Mund erzeugt.
Im letzten Abschnitt werden vier Weingläser mit unterschiedlicher Wasserfüllung benötigt. Mit Beginn einer Sprechzeile setzt jeweils ein neuer Liegeklang ein. Alle Klänge werden über den Text hinaus angehalten und verklingen dann nacheinander wieder, indem ein Glas nach dem anderen aussetzt. Mit dem zuletzt verklingenden Windgeräusch könnte die Verklanglichung ihren Abschluß finden.

Für den Winterabend

Wenn der Mondmann geht ums Haus,

weht der Schnee bald leiser,

nur die rote Feuermaus
huscht noch durch die Reiser.

Leiser, als die Spinne spinnt,

webt im Ofenloch der Wind

Träume schon für Vater,

Mutter, Kind und Kater.

*Christine Busta
aus:
Die Sternenmühle
Otto Müller Verlag, Salzburg o.J.*

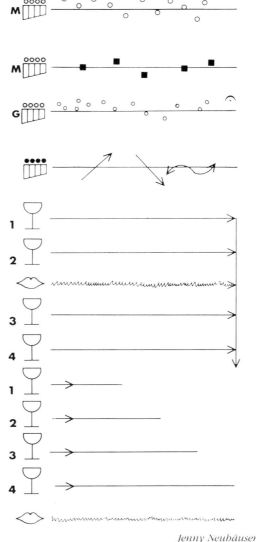

Jenny Neuhäuser

Auch die Gedichte der Seite 211, 212, 213 lassen sich auf diese Weise verklanglichen.

m5 — *Das Leise – wenn die Weihnachtszeit kommt*

Ein Umgangslied in der Adventszeit

Wir stellen uns vor, daß die Kinder dieses Umgangslied in das vorweihnachtliche Brauchtum aufnehmen. Zu diesem Lied gehen sie unter dem Adventskranz oder um diesen herum, wobei jeweils ein Licht angezündet wird. Auch das Öffnen eines Fensters vom Adventskalender kann anschließend vorgenommen werden. Mancherorts ist es auch üblich, jeden Tag eine neue Figur der Krippe hinzuzufügen und sie somit aufzubauen. Das kann im Zusammenhang mit diesem Lied geschehen.

aus:
Hanna und Rolf Hanisch, Heller Stern geh uns voran, Heft 15, Reihe: Das Kinderjahr
Deutscher Theaterverlag, Weinheim 1980

Wir gehen den Weg

Text: Hanna Hanisch Melodie: Richard Rudolf Klein

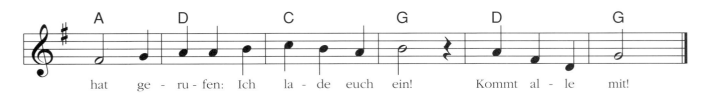

2. Wir gehen den Weg in die Weihnacht hinein.
   Unser Weg heißt Advent.
   Wir sind auf diesem Weg nicht allein.
   Weil Gott uns kennt.

3. Wir gehen den Weg in die Weihnacht hinein.
   Gott ist uns ganz nah.
   Wir finden den Stall und treten ein.
   Jesus ist da!

Das Leise – wenn die Weihnachtszeit kommt _____ **m5**

Verse und Bilder:
Dezember

Der „Dezember"-Text von Elisabeth Borchers ist poetisch. Still und geheimnisvoll ist seine Ausstrahlung. Da tauchen Bilder in unserem Grund auf ... adventliche Hoffnung. Jeder mag die Zeilen anders deuten, hier ein Versuch:
In dieser Zeit geht Licht auf. Bewegung kommt in uns auf, ruft nach dem Fährmann. Wer ist dieser Fährmann? ...
Sein „Traum vom goldnen Schiff" ist gleichzeitig angebrochene Wirklichkeit: Das Schiff geht jeden Weg. „Da bleibt ein goldner Schein zurück."
Der Text weist sicherlich auch hin auf das alte Adventslied „Es kommt ein Schiff geladen" (Elsaß 15. Jh.).

Josef F. Seitz hat den „Dezember"-Text in drei Bildern eingefangen. Ohne Bilder wäre es Kindern nur schwer möglich, etwas vom Text aufzunehmen. Die Kinder sollten die Bilder zunächst für sich über einen längeren Zeitraum anschauen dürfen.
Goldenes übt auf Kinder starken Reiz aus, läßt sie aufmerksam werden und lenkt ihren Blick immer wieder auf sich. Manche Kinder werden die drei Bilder miteinander vergleichen. Das Schwarz vermittelt den Eindruck von Dunkelheit. Goldglanz breitet sich vom Schiff aus und spiegelt sich in den Fenstern der Häuser wider – Licht, das im Finstern wandelt.

Die kreisförmige Anordnung der Häuser weist auf „alle Menschen", „alle Länder" hin. Es genügt, wenn die Kinder dieses Symbol als Bild aufnehmen.

	• Die drei Bilder in der Adventszeit an einem geeigneten Platz aufhängen. (Sie könnten während der Advents- und Weihnachtszeit im Raum bleiben.)
EP	• Die Kinder schauen immer wieder einmal die Bilder an. Sie fragen sich oder auch die Erzieherin, was das goldene Schiff bedeuten mag und was sich in den drei Bildern verändert.
gGg	• Die Erzieherin könnte auch einmal einen Meditationstext zu den Bildern vortragen. Dabei langsam sprechen, zufällige Pausen machen, so als wüßte man nicht weiter.

Meditationstext

Da ist ein goldenes Schiff.
Überall ist es dunkel.
Das Schiff leuchtet.

Da geht das Schiff
durch die Straßen,
durch die Häuser.
Die Fenster werden hell,
sie leuchten so
golden wie das Schiff.

Es ist, als teilt
das Schiff sein Gold.

In den Häusern
wohnen Menschen.
Die Menschen werden anders
durch das goldene Schiff.
Sie bekommen
ein goldenes Herz –
sie werden gut
zueinander.
Das kommt vom goldenen Schiff.

Das Schiff geht überallhin.
In alle Länder.

Mit dem Schiff ist es
wie mit uns im Advent.

Bald feiern wir
das Jesus-Fest – Weihnachten.
Jesus ist bei uns.

Es ist, als wäre er
der Fährmann vom Schiff.

Gebet

Jesus, du bringst Licht.
Wir freuen uns.
Wir freuen uns auf Weihnachten,
dann ist ganz viel Licht
an unserem Tannenbaum
und in unseren Herzen,
weil du Geburtstag hast.

(Die Kinder könnten den Gebetstext zeilenweise mitsprechen.)

Das Leise – wenn die Weihnachtszeit kommt _____ m5

Anregungen zum Gestalten

Die Kinder schneiden und kleben Häuser aus Buntpapier, sie hinterlegen die Fenster und Türen mit Goldpapier oder füllen sie mit Goldfarbe aus; oder sie schneiden ein goldenes Schiff aus, oder sie falten ein Schiff.

Die Kinder dürfen ihre Häuser oder ihr Schiff mit nach Hause nehmen.

gGg
- Die Gruppe bereitet ein kleine Feier im Advent vor (Lieder, Kerzen, Tannengrün, Gebäck, Spiele, Musik. – Ein wenig den Advent hören, riechen, schmecken, fühlen und sehen.
- Die Erzieherin trägt bei einer leisen Musik den Text „Dezember" vor.
- Die Kinder äußern sich und bringen den Text in Beziehung zu den Bildern.

Dezember

Es kommt eine Zeit,
da wird es still.
da gehn die Lichter auf,
da kommt ein Wind,
ruft nach dem Fährmann.

Der träumt den Traum
vom goldnen Schiff.
Das Schiff hat eine
große Fahrt bei Nacht.

Es geht von Haus zu Haus.
Es fährt die Straßen auf und ab.
Es kommt durch alle Länder.
Es kommt durch alle Stuben.

Da bleibt ein goldner Schein zurück.

Elisabeth Borchers
aus:
E. Borchers/Dietlind Blech, Und oben schwimmt die Sonne davon
Verlag H. Ellermann, München 1965

m5 — ***Das Leise – wenn die Weihnachtszeit kommt***

Anregungen für einen Lichtertanz

Vorbereitet sind Kerzen in zwei Farben, z.B. weiß und rot mit Tropfschutz.

Der Raum ist abgedunkelt. Leise Musik erklingt (langsame Sätze aus Flöten-, Gitarren- oder Klaviermusik).

Die Kinder sitzen im Kreis, nicht zu eng aneinander. Zwei Erzieherinnen erhalten ihren Platz im Kreis einander gegenüber. Eine Erzieherin trägt ein Körbchen mit Kerzen in den Kreis. Sie gibt nach einer Seite die Kerzen durch, eine weiße, eine rote ... bis alle Kinder eine Kerze in der Hand halten.
Sie entzündet ihre Kerze und gibt nach beiden Seiten das Licht ab, die Kinder geben es untereinander weiter.

Eine Erzieherin hat eine weiße Kerze, die andere eine rote. Eine Erzieherin könnte nun folgende meditative Übung durchführen:
– Wir halten alle eine brennende Kerze in der Hand.
– Wir schauen in ihre lebendige Flamme.
– Wir riechen ihren Duft.
– Wir spüren ihre Wärme, wenn wir eine Hand nahe an die Flamme halten.
– Wir gehen vorsichtig mit der brennenden Kerze um.
Wer eine rote Kerze hat, tut, was Frau N. mit ihrer Kerze vormacht. Wer eine weiße Kerze hat, schaut auf mich und macht mir nach.

Abwechselnd können nun verschiedene Einzelübungen folgen – in großer Ruhe und Gelassenheit:
– Langsam aufstehen, sich einmal um sich selbst drehen und sich wieder hinsetzen.
– Langsam aufstehen, im Kreis umhergehen und sich einen neuen Platz suchen.
– Langsam aufstehen und für die nachfolgenden Übungen am Platz stehenbleiben:
    ... die Kerze langsam heben und wieder senken
    ... die Kerze in vertikaler Ebene kreisen lassen.
– Langsam zur Mitte gehen, die Kerze mit einer Hand bei leicht gestrecktem Arm etwas höher halten, alle Kerzen dicht zusammenkommen lassen, ein wenig verweilen und zum Platz zurückgehen.
– Die beiden Gruppen gehen hintereinander außen im Raum herum. Sie gehen gegeneinander im Kreis.
– Sie gehen in der Mitte des Raumes auf einer Geraden – paarweise, sie bleiben stehen, wenden sich einander zu, schauen sich gegenseitig an und setzen dann ihren Weg fort.

Die Erzieherinnen führen ihre Gruppen an zu einer gemeinsamen Lichterpolonaise.

Zum Schluß kommen die Kinder einzeln zu ihrer Erzieherin, halten die freie Hand hinter die Flamme, blasen vorsichtig die Kerze aus und geben sie der Erzieherin.

Das Leise – wenn die Weihnachtszeit kommt _____ **m5**

Der Engel kommt zu Maria

Das Weihnachtsfest hat seinen Grund in Jesus von Nazareth, in ihm hat Gott in unserer Welt sein Heil anbrechen lassen (Zeichen vom Schiff). Die nachösterliche Gemeinde hat Jesu Botschaft einander zugesprochen. Lukas hat diese Erzählung etwa zwischen 80 bis 90 n.Chr. aufgeschrieben, in Bildern seiner Zeit.

Die neutestamentliche und alttestamentliche Redeweise von Engeln dient als Kompositions- und Stilmittel, das immer dann verwandt wird, wenn Gottes Welt in die der Menschen einbricht, hier, daß Jesus der verheißene Messias, der Sohn Gottes, ist.

Das Sprechen des Engels an Maria ist das Sprechen Gottes, hier in einem Dialog veranschaulicht. Er ist der Handelnde, Maria ist ganz still.

Da biblische Geschichten Wirklichkeit von damals aufgreifen, die auch in unserer heutigen Zeit als Wirklichkeit vorhanden ist, sollte auch Lk 1,26-38 auf unsere Erfahrung hin erzählt werden: still sein, auf etwas horchen, vertrauen.

gG
- Eine Leiseübung durchführen, um Stille zu erfahren und zu bedenken: Wenn uns jemand etwas sagt, müssen wir offene Ohren haben.
- Erzieherin: Menschen haben uns von Jesus aufgeschrieben, was Jesus gesagt und getan hat, wie er gelebt hat und wie er gestorben ist. Lukas hat uns in einer Geschichte aufgeschrieben, wie Maria erfährt, daß sie die Mutter von Jesus wird. Diese Geschichte erzähle ich euch jetzt:

> Maria ist in Nazareth.
> Sie ist allein.
> Es ist ganz still. -
> Da kommt ein Engel,
> der Engel Gottes.
> Er kommt zu Maria herein.
> Er sagt zu Maria:
> Ich grüße dich, Maria.
> Freue dich,
> Gott ist mit dir, Maria. -
> Maria aber ist erschrocken.
> Da sagt der Engel:
> Fürchte dich nicht:
> Du bekommst einen Sohn.
> Der soll Jesus heißen.
> Gott gibt ihn dir.
> Es ist Gottes Sohn. -
> Da wird Maria wieder still
> und sagt:
> Es soll so geschehen.
>
> *nach Lk 1,26-38*
> *Dietrich Steinwede*
> *aus:*
> *Zu erzählen deine Herrlichkeit*
> *Verlag Vandenhoeck & Ruprecht, Göttingen 1965*

- Ein gutes künstlerisches Verkündigungs-Bild betrachten.

m5 ────────────────── *Das Leise – wenn die Weihnachtszeit kommt*

Text für ein darstellendes Spiel oder eine Pantomime:
1. Der Engel Gabriel kommt zu Maria und sagt: Gegrüßest seist du.
2. Der Engel Gabriel sagt zu Maria: Du bist von Gott ausgewählt.
3. Der Engel Gabriel sagt: Gott läßt fragen: Willst du Jesu Mutter sein?
4. Zum Engel Gabriel sagt die Maria: Was Gott will, das soll geschehen.
5. Der Engel Gabriel sagt zu Maria: Schon bald bekommst du dein Kind.
6. Zum Engel Gabriel sagt die Maria: Sag Gott, ja, ich bin bereit.
7. Der Engel Gabriel bringt zu Maria die Botschaft und sie sagt ja.

Das Spiel ergibt sich aus dem Text.

Gertrud Lorenz
aus:
Singen und spielen
Verlag Konrad Wittwer, Stuttgart 1988

Engel kommen zu den Hirten

Die Nacht der Hirten

Auf dem Felde bei Bethlehem sind Hirten.
Die wachen bei ihren Schafen.
Die wachen bei Nacht.
Die sind im Dunkel.
Die Hirten sind arm und elend. –
Da ist auf einmal der Engel bei ihnen,
der Engel Gottes,
und Licht ist da.
Das leuchtet hell.
Das kommt von Gott.
Die Hirten sind sehr erschrocken.
Da spricht der Engel:
Fürchtet euch nicht.
Freut euch.
Ich bringe euch Freude:
Euch ist heute der Heiland geboren,
ein Kind, in Bethlehem.
Das könnt ihr finden
in einer Krippe.
Es ist in Windeln gewickelt. –
Und dann sind da auf einmal die Engel,
viele Engel, die sagen:

Glanz und Licht ist bei Gott im Himmel.
und Friede auf Erden bei Gottes Kindern. –

Und dann sind die Engel nicht mehr da.
Die Hirten aber sind froh.
Sie sagen:
Wir wollen nach Bethlehem gehen.

Sie laufen hin.
Sie finden das Kind.
Sie finden Maria und Josef dabei.
Die Hirten beten zum Kind. –
Und danach sagen sie überall weiter:
Uns ist ein Kind geboren.
Es ist ein Heiland.
Freut euch mit uns. –
Die Menschen wundern sich. –
Maria aber weiß das jetzt:
Mein Kind in der Krippe ist Gottes Sohn. –
Und die Hirten kehren wieder um
und gehen zurück zu den Schafen.
Sie sind so froh.
Sie loben Gott:
Ehre sei Gott in der Höhe.

Unser Heiland ist geboren,
nun sind wir nicht mehr verlorn.
Halleluja.

nach Lk 2,8-20
Dietrich Steinwede
aus:
Zu erzählen deine Herrlichkeit
a.a.O.

Das Leise – wenn die Weihnachtszeit kommt — m5

Engel kommen zu den Hirten

Sieben Hirten schlafen

Text: Rolf Krenzer Melodie: Inge Lotz

1. Sieben Hirten schlafen hier bei ihren Schafen.
   Da, ein helles Licht! Und der Engel spricht:
   Heute ist Jesus geboren.
   Dort im Stall!

2. Noch sechs Hirten schlafen hier bei ihren Schafen.
   Da, ein helles Licht! Und der Hirte spricht:
   Heute ist Jesus geboren.
   Dort im Stall!

3. Noch fünf Hirten schlafen …

4. Noch vier Hirten schlafen …

5. Noch drei Hirten schlafen …

6. Noch zwei Hirten schlafen …

7. Seht ihr den noch schlafen hier bei seinen Schafen?
   Da, ein helles Licht! Und der Hirte spricht:
   Heute ist Jesus geboren.
   Dort im Stall!

8. Sieben Hirten schlafen nicht mehr bei den Schafen.
   Kommt, ihr Hirten all, kommt und lauft zum Stall!
   Heute ist Jesus geboren.
   Dort im Stall!

aus:
I.Lotz/R.Krenzer, Wir sind die Musikanten
Verlage Kaufmann und Kösel, Lahr und München 1979

Spielanregung:

Sieben Hirten liegen im Raum verteilt und stellen sich schlafend. Der Engel weckt einen der schlafenden Hirten und sagt seine Botschaft. Beim nächsten Vers weckt der Hirte seinen Kameraden. Einer weckt den anderen und sagt die Botschaft. Zum Schluß gehen alle gemeinsam zur Krippe.

Zum leichteren Erlernen wurde die Melodie von D-dur auf C-dur umgesetzt; sie sollte aber dann eher höher gesungen werden.

m5 — *Das Leise – wenn die Weihnachtszeit kommt*

Engel kommen auch zu uns

Durch die beiden voraufgegangenen biblischen Erzählungen werden Kinder vielleicht auf die Engel zu sprechen kommen.

Bei der Vielzahl der Engelgeschichten im Alten und Neuen Testament ist die Frage nicht wichtig, ob es Engel gibt oder nicht. Engel erscheinen, wenn Gottes Welt in die der Menschen einbricht.

Auch in unserer Alltagssprache ist das Wort Engel nicht wegzudenken, es steht für Gutes, Schönes, Positives.

In dem empfehlenswerten Mitmach-Büchlein „Engel kommen auch zu uns", Verlag E.Kaufmann, werden zehn biblische Geschichten in kindgemäßer Weise dargeboten.

Durch das nachfolgende Gebet werden die biblischen Erzählungen noch einmal angesprochen, zugleich aber wird weitergefragt:
Kommt dein Engel auch zu mir?
Kann ich als Engel helfen, trösten?

Engel kommen auch zu uns

Gott, du schickst Engel in die Welt,
zu (Abraham,) Maria, auch zu den Hirten auf dem Feld.
Engel mit Flügeln, die den Menschen singen,
Männer auch, die deine Worte bringen.

Schickst du auch Boten jetzt und hier?
Kommt dein Engel auch zu mir?
Werde ich ihn gleich erkennen?
Sag, wie werde ich ihn nennen?

Ist der Engel auch ein Kind wie ich?
Brauchst du, lieber Gott, auch mich?
Kann ich als Engel helfen, trösten?
Schick Engel, Gott, den Kleinsten und den Größten!

Amen

Regine Schindler
aus:
Engel kommen auch zu uns
Verlag E.Kaufmann, Lahr 1985

Verkörpert nicht auch Bumfidel in der nachfolgenden Geschichte, was wir mit „Engel" meinen. Und wenn die Maroni-Frau am Schluß der Geschichte zu Bumfidel gesagt hätte: „Junge, du bist ein Engel!"?

Das Leise – wenn die Weihnachtszeit kommt _____ m5

Engel kommen auch zu uns

Bumfidel möchte sich freuen

Bumfidel möchte zum Weihnachtsmarkt. Mindestens zum dreizehntenmal. Die Mutter begreift das nicht. „Was willst du denn da nun immer noch?"

„Mich freuen", sagt Bumfidel. „Einfach mich freuen."

Die Mutter mahnt: „Gib nichts für Kinkerlitzchen aus."

Eine Frau bietet heiße Maronen an. Sie sagt zu Bumfidel: „Möchtest du welche?"

„Ich glaube nicht", meint Bumfidel. „Ich gucke Ihnen nur ein bißchen zu."

Gute Geschäfte machte die Frau nicht. Die Leute sind satt. Oder sie ziehen Chips und Bratwürste vor. Am Wurststand drängen sie sich. Die Frau erzählt, daß ihre kleine Tochter krank ist. Recht krank sogar. Auf einmal hat sie die Masern bekommen. Ausgerechnet Weihnachten. Jetzt liegt sie allein zu Hause im Bett.

Bumfidel fragt, ob er mal nach ihr sehen soll.

„Nein. Sie kennt dich nicht, und du steckst dich nur an."

„Oder", schlägt Bumfidel vor, „Sie gehen hin, und ich passe auf ihre Kastanien auf."

Die Frau überlegt. „Wirklich?" Dann läuft sie los. „Ich bin gleich zurück."

Als sie wiederkommt, hat Bumfidel 33 Tüten verkauft. Die Frau freut sich. Bumfidel auch. In der Kasse klimpert das Geld. Bumfidel läßt sich eine Tüte schenken – als Lohn. Die drei Mark aber, die er auch noch bekommen soll, die legt er plötzlich ganz schnell wieder hin. Bumfidel sagt der Frau was ins Ohr, die ihm das Geld doch zustecken will:

„Vielleicht bin ich das Christkind? Das könnte doch sein." Und dann rennt er weg.

Marieluise Bernhard-von Luttitz
aus:
Bumfidel lacht sich krank, rotfuchs 85
Rowohlt Taschenbuch Verlag, Reinbek bei Hamburg 1975

Heimlich Geschenke bereiten

Kerzen ziehen

Material:
- Kerzenreste (von den Kindern mitbringen lassen, vielleicht auch in der Kirche nachfragen);
- feste Baumwollschnüre (Topflappenwolle) oder fertige Dochte (20 cm);
- hohe Blechdose (Kaffeedose) und hoher Kochtopf;

Durchführung:
Kerzenreste in die Blechdose füllen und die Dose in einen Kochtopf mit Wasser stellen; den Kochtopf auf den Herd stellen und das Wasser so lange erhitzen, bis das Wachs geschmolzen ist; die alten Dochte herausfischen.

In der Gruppe einen Vierertisch bereitstellen, mit Zeitungspapier gut eindecken; den Kochtopf mit dem heißen Wasser und dem Wachstopf mitten auf den Tisch stellen.

- So viele Kinder, wie um den Tisch gut Platz haben, stellen sich rundum auf, jedes erhält einen Docht;
- nacheinander tauchen sie den Docht kurz in das flüssige Wachs ein, die Erzieherin beginnt; das Eintauchen wird reihum so oft wiederholt, bis die Kerzen hinreichend dick sind;
- die Kerzen gerade ziehen und zum Abkühlen ablegen.

Zweige stecken

Material:
Zweiglein von Tanne, Kiefer, Lärche (mit Zapfen), Kirschlorbeer, Buchsbaum, Korkenzieherweide, Korkenzieherhasel u.a.,
Blumenscheren und Gießkännchen liegen bereit.
Vorbereitet sind:
- für jedes Kind ein Gefäß aus Keramik mit weiter Öffnung oder ein Glasschälchen, in die ein Knäuel Maschendraht locker eingeklebt wurde.
- rote, violette und goldene Schleifen, mit Blumendraht zum Einstecken.

Küken- oder Kaninchendraht etwa in Größe des Durchschnitts der Schale zuschneiden, locker zum Knäuel zusammendrücken, mit einem Spezialkleber in die Schale einkleben und mindestens einen Tag trocknen lassen.

Durchführung:
Auf einem Arbeitstisch sind Schalen und Zweiglein bereitgestellt. Die Kinder nehmen sich eine Schale.
Sie wählen Zweiglein aus und ordnen sie in der Schale an: Sie stecken die Zweige nicht zu dicht. Rankende Zweige lassen sie über den Rand hängen. Sie drehen die Schale immer wieder und prüfen, ob das Gesteck rundum hübsch angeordnet ist. Sie wählen eine Blumenschleife und stecken sie mit dem Blumendraht in das Gesteck. Um die Zweiglein frisch zu halten, füllen die Kinder mit Gießkännchen Wasser in die Schalen.
Wenn die Kinder das Gesteck zu Weihnachten mit nach Hause nehmen, wird das Wasser abgegossen.

Das Leise – wenn die Weihnachtszeit kommt

m5

Verklanglichung eines Bilderbuches: Jesus ist geboren

Die Verklanglichung der Weihnachtsgeschichte eignet sich sehr gut als Hörspiel für eine Weihnachtsfeier. Zu den einzelnen Szenen können die Bilder des Bilderbuches „Jesus ist geboren" als Dias projeziert werden, oder es werden große, von den Kindern gestaltete Bildtafeln gezeigt.

Auch im Kindergottesdienst des Hl. Abends könnte die „Weihnachtsgeschichte" verklanglicht dargeboten werden.

Der Text des Bilderbuches wird am besten von einer Erzieherin dargeboten, es sei denn, ein Kind kann die Geschichte frei erzählen.

1.
Josef und Maria gehen nach Bethlehem.
Der Weg ist weit.

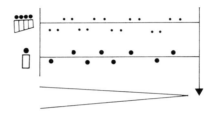

zu 1:
Die Xylophone und Großbässe beginnen unmittelbar nach der Überschrift und symbolisieren Maria und Josef auf ihrem Weg.
Der Text setzt erst später ein, die Musik wird über den Text hinaus weitergeführt, wird dann leiser und verklingt.

2.
Sie müssen in Bethlehem in einem Stall schlafen.
Dort bekommt Maria ihr Kind. Sie wickelt es in Windeln und legt es in eine Futterkrippe.

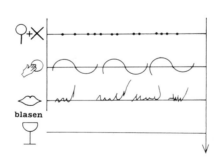

zu 2:
Die Atmosphäre des kalten Stalles wird verklanglicht durch leise Punktschläge auf Rassel und Holzblocktrommel. Hinzu kommen die Geräusche auf Fellinstrumenten (mit der Hand über das Fell wischen) und mit dem Mund erzeugte Windgeräusche. Diese Verklanglichung wird durchgehalten bis zum Ende dieses Textabschnittes.

Der Weinglas-Liegeklang weist auf das Christkind hin.

3.
Auf dem Feld sind Hirten. Sie passen in der Nacht auf ihre Schafe auf.

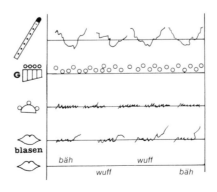

zu 3:
Die Hirtenflöte (Blockflöte) kann beliebige Töne erzeugen. Die Stimmen der Schafe und Hunde können naturalistisch nachgemacht werden.

m5   ***Das Leise – wenn die Weihnachtszeit kommt***

4.
Da kommt ein Engel zu ihnen.
Sie haben Angst.
Der Engel leuchtet ganz hell.

zu 4:
Der Schichtklang soll nicht durch einen Querschlag, sondern durch weiche Schlegel erzeugt werden.
Mit Beginn der Zeile: „Der Engel leuchtet ..." setzt der Schichtklang als Bewegungsklang ein, der bis zum Ende des Abschnitts 7 durchgeführt wird. Es sollen möglichst viele nebeneinanderliegende Klangplatten mit der bereits bekannten Spieltechnik zum Klingen gebracht werden.

5.
Der Engel sagt: Habt keine Angst!
Gott macht allen Menschen eine große Freude. Heute ist der Heiland geboren! In Bethlehem. Er heißt Jesus. Geht und sucht ihn. Er liegt in einer Krippe.

zu 5:
Dieser Abschnitt wird zum Schichtklang gesprochen.

6.
Auf einmal sind da viele Engel.
Sie singen: Ehre sei Gott in der Höhe!
Friede auf Erden!
Gott hat die Menschen lieb.

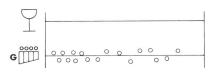

zu 6:
Zur ersten Zeile des Abschnitts 6 kommen Glockenspiele hinzu.

7.
Dann sind die Engel wieder fort.

zu 7:
Mit Beginn dieses Abschnitts wird der Klang leiser und verstummt nach der Sprechzeile.

8.
Die Hirten gehen schnell nach Bethlehem.

zu 8:
Die Verklanglichung des Abschnitts 1 wird wieder aufgegriffen.
Hinzu kommen Hirtenflöte (Blockflöte), Schellenkranz und Tierstimmen.
Die Musik beginnt leise, wird lauter und endet leise.

9.
Sie finden Maria, Josef und das Kind.

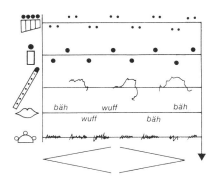

zu 9:
Wieder weist der Weinglas-Liegeklang auf das Christkind hin.
Mit dem Weinglas-Liegeklang und dem Glockenspiel geht die Verklanglichung leise zu Ende.

Jenny Neuhäuser

Jesus ist geboren
Reihe: Was uns die Bibel erzählt
Deutsche, Bibelgesellschaft Stuttgart

Schneebetrachtungen

Alle Ersterlebnisse der Kinder gehen tief. So auch ihre ersten Erfahrungen mit dem Schnee, der eines Tages für sie zum ersten Mal vom Himmel fällt, und mit dem sie zum allererstem Mal einen Schneemann bauen.

Den allerersten Schnee seines Lebens verschlief das Winterkind noch in der Wiege. Den ersten bewußt erlebten und damit wirklichen Schnee entdeckte es ein knappes Jahr später, stehend, morgens am Fußende des Bettchens vor dem gardinenlosen Fenster. Es stand da, reglos, bemerkte mein Kommen nicht wie sonst. Den rechten Daumen bewegte es sacht im Mund, das Näschen steckte geborgen zwischen Zeige- und Mittelfinger, die Windel in der anderen kleinen Hand streichelte unablässig das Ohr – wie immer, wenn Spannung da war. „Oh!" sagte das Kind, immer wieder „oh"! Es staunte. Das Wort Schnee hatte es damals noch nicht zur Verfügung. Es war kein Jubel-Oh. Mehr ein fast sachliches Feststellungs-Oh, so wie jemand „oh" sagt, der mit einem solchen Anblick in gar keiner Weise gerechnet hat. Dann haben wir, Backe an Backe, den Schnee lange angeschaut. Ich habe nie zuvor in meinem Leben Schnee so bewußt, so intensiv betrachtet, wie mit diesem staunenden Kind auf meinem Arm, das nur „oh" sagte. Das Kind mußte sehr lange schauen, alles anschauen, denn nie zuvor hatte sich seine Welt von einem auf den anderen Tag so gründlich verändert.

Dann haben wir uns warm angezogen und sind dem Schnee leibhaftig begegnet. Da war wieder dieses Staunen, dann das hundertmal wiederholte Wort „Schnee"; das Erschrecken über die eiskalten Finger; die Enttäuschung, wenn aus dem Schneehäufchen in der ehrfürchtig hingehaltenen Hand Wasser wurde; das Entzücken über die Schneeflocken, die einfach aus dem Himmel fielen. In den Jahren, die dann kamen, klang das „Oh" am ersten Schneetag ganz anders: Ein Wiedererkennungs-Oh, ein Jubel-Oh. Und irgendwann gelang dem Kind der erste kleine, schräge Schneemann ohne jede fremde Hilfe. Es war kalt, und so hielt er sich viele Tage aufrecht an seinem Platz. Aber eines Nachts hatte er sich dann doch stillschweigend und ohne Vorwarnung verdrückt. Die Möhre hatte er zurückgelassen und den kleinen Topf und die paar Kastanien, die sein Schmerbäuchlein verziert hatten. „Nächstes Jahr", habe ich dem Kind zum Trost gesagt, „nächstes Jahr schneit es wieder". Aber für ein kleines Kind gibt es in solchen Augenblicken kein nächstes Jahr. Da gibt es nur die Trauer um einen Schneemann, der gerade jetzt geschmolzen ist. So hat das Kind den kleinen Topf, die Möhre, die paar Kastanien in sein Zimmer getragen und gehütet. Und die Möhre, mußte das Kind nach einiger Zeit feststellen, ist genauso vergänglich wie der Schnee …

Carola Schuster-Brink
(Rechte bei der Autorin)

Schöner Schnee

Manchmal sagen wir:
Ach, wenn es doch schneien wollte.
Ach, wenn doch der Schnee käme.
Ach, wenn er doch über den Berg käme.
Ach, wenn er doch die Straße entlang käme.
Ach.

Manchmal,
wenn es sehr kalt wird,
kommt der Schnee.

Bevor der Schnee kommt,
kann man ihn riechen.
Schnee kommt vom Westen her,
vom Osten oder vom Norden
oder vom Süden.

Manchmal kommt der Schnee am Morgen,
manchmal mittags, manchmal abends.
Manchmal ist der Schnee schon da.

Schnee setzt sich überall hin:
auf Baumspitzen
auf Hüte
auf schräge Dächer
auf Wimpern
auf Schiffe
auf die Köpfe der Pferde und Puppen.

Meistens ist der Schnee sechseckig.
Schnee hat Ecken und Zacken und Strahlen und Stiche
und Stäbchen und Säulchen und Blättchen und Plättchen
und Körner und Flügel
und Sterne und Pyramiden.

Schnee ist flach und dünn
und dick und rund
und hoch wie ein Berg
wie zwei Berge.

Schnee ist schön.

Schnee ist viel leichter als eine Feder
und schwerer als ein Stück Eisen.
Schnee ist leichter als ein Sommerkleid.
Der Schnee biegt die Bäume krumm.

Manchmal ist der Schnee
ein Ball, eine Rodelbahn, ein Haus.
Manchmal ist der Schnee ein Mann.
Der Schnee ist niemals eine Frau
oder ein Kind oder ein Hund.

Wenn kein Wind geht
und wenn es nicht neblig ist,
ist der Schnee am schönsten.

Wenn der Wind geht, zerbricht der Wind
die Ecken und Zacken, die Strahlen und Striche,
die Stäbchen und Säulen, die Blättchen und Plättchen,
die Körner und Flügel, die Sterne und Pyramiden.
Wenn Nebel ist, macht der Nebel den Schnee rauh.

Auf dem Schnee kann man auch tanzen.
Und der Schnee macht endlich einmal alles sauber.
Schnee kommt am liebsten im Dezember.
Schnee ist die leiseste Geschichte der Welt.

(gekürzt)

*Anna Robeck
aus:
Elisabeth Borchers (Hrsg.), Das große Lalula
Verlag H. Ellermann, München 1971*

Das Leise – wenn der Schnee fällt _____ **m6**

Geschichte:
Wer hat Tante Josefin gesehen?

„Schnee ist die leiseste Geschichte der Welt" (Elisabeth Borchers). Die Kinder haben diese „leise Erfahrung" vielleicht noch nicht bewußt gemacht.
Die Geschichte setzt an beim Erfahrungshintergrund der Kinder. Von den naheliegenden kindlichen Erfahrungen aus können wir weitere Schnee-Erfahrungen ermöglichen. Das Rodeln gehört sicherlich zu den stärkeren Schnee-Erfahrungen.

In der Geschichte werden lebensnah und einfühlsam kindliche Psyche und Erwachsenenpsyche gezeichnet; hierin liegt der Reiz der Geschichte. Der Grundton ist verhalten. Den wechselnden Szenen kann auch das vierjährige Kind gut folgen.

- An einem Tag, an dem Kinder zum Ausdruck bringen: „Ach, wenn doch der Schnee käme" hängt die Erzieherin ein Farbbild einer verschneiten Landschaft im Gruppenraum auf.
  Einige Kinder werden auf das Bild aufmerksam und schauen es sich näher an.

gG
- Die Gruppe sitzt im Halbkreis um ein Bild einer Schneelandschaft. Erzieherin: Wenn ich jetzt mit euch dort sein könnte, ich würde mich über den schönen Schnee freuen ...
  Die Kinder träumen vom Schnee: Ich würde meinen Schlitten nehmen und da mit Julia und Tobias den Berg runterrodeln.
  Ich tippe da an die Zweige, dann schneit es.
  Ich möchte Spuren machen. ... Sie erzählen, was sie gern im Schnee tun möchten.

- Die Erzieherin könnte mit einem kleinen Rätselspiel die Bildbetrachtung abschließen, z.B.:
  Kinder, ratet, was ich auf dem Bild sehe – viele weiße Pelzmützen.
  Kinder, ratet, was ich auf dem Bild sehe – es taucht den Schnee in viel Gold.
  Die Kinder raten und stellen selbst kleine Rätsel.

EPG
- Wenn es endlich schneit, wenn der Schnee da ist, dürfen die Kinder draußen tun, wovon sie geträumt haben: Schlittenfahren, Spuren machen, Schnee in die Hand nehmen, einen Schneemann bauen, Schneebälle werfen ...

gGg
- Die Kinder sitzen beieinander.
  Die Erzieherin liest mit den Kindern die Geschichte von Tipsy, Tante Josefin und Kater Mumpf.

- Die Kinder äußern sich zur Geschichte, vielleicht erzählen sie von ähnlichen Erlebnissen.

- Die Geschichte wird noch einmal erzählt.

- Einige Kinder spielen die Szenen:
  - Tipsy geht umher und beklagt sich über Langeweile, Tante Josefin sitzt und liest ein Buch.
  - Tipsy und Tante Josefin fahren Schlitten, Tante Josefin rutscht vom Schlitten ab und geht wieder nach Hause.
  - Tipsy sucht Tante Josefin überall, sie fragt die Kinder und Vögel; Tipsy geht traurig nach Hause zu Kater Mumpf.
  - Zu Hause sitzt die Tante Josefin und liest in ihrem Buch; Tipsy ist glücklich.

Wer hat Tante Josefin gesehen?

„Es ist immer das gleiche!" sagt Tipsy. „Immer das gleiche."

„Pst!" macht Tante Josefin, die ein Buch liest.

„Alle Tage das gleiche", sagt Tipsy leise zum Kater Mumpf. „Aufstehen, frühstücken, spielen, zu Mittag essen, zum Fenster hinausschauen, Bilderbücher ansehen, zu Abend essen, schlafen gehen ..."

„Pst!" mahnt Tante Josefin.

„... ist langweilig", flüstert Tipsy Mumpf zu. Der Kater Mumpf gähnt.

„Es ist so schön draußen", sagt Tante Josefin. „Geh ein bißchen im Schnee spazieren. Oder weißt du", fällt ihr ein, „hol den Schlitten aus dem Keller."

„Auja!" ruft Tipsy. „Aber allein mag ich nicht. Fährst du mit?" fragt sie Mumpf.

Mumpf schließt erschrocken die Augen, und schon ist er eingeschlafen.

„Fahr du mit, Tante Josefin", bettelt Tipsy. „Komm."

Tante Josefin möchte viel lieber ihr Buch zu Ende lesen, aber dann setzt sie ihren großen Hut auf und geht mit Tipsy Schlitten fahren. Sie stapfen den Hügel im Stadtpark hinauf.

„Hurra!" schreit Tipsy. „Jetzt geht's los!"

Sie setzt sich hinter Tante Josefin auf den Schlitten, und sie sausen los. Mit beiden Händen hält Tante Josefin ihren großen Hut fest.

„Vorsicht!" schreit sie allen zu.

„Jetzt noch mal!" sagt Tipsy, als sie unten sind. Sie ziehen den Schlitten den Berg hinauf, und diesmal setzt sich Tipsy nach vorn.

„Eins, zwei, drei", ruft sie. „Abfahrt!" und los geht's.

„Platz da!" schreit Tipsy. „Juchhu!"
Tante Josefin aber bleibt still. Als Tipsy unten angekommen ist, merkt sie, daß Tante Josefin überhaupt nicht mehr auf dem Schlitten sitzt.

„Oh!" sagt Tipsy. „Ich hab' sie verloren. Sie muß wohl unterwegs 'runtergefallen sein."

Sie macht sich auf, Tante Josefin zu suchen. „Habt ihr vielleicht meine Tante gesehen?" fragt sie die anderen Kinder. Aber die schütteln den Kopf.

Nach rechts und links schaut Tipsy, und in die Bäume schaut sie auch hinauf, Tante Josefin bleibt verschwunden. Plötzlich fällt Tipsy der große Hut ein. Sie wird nicht aufgepaßt haben, denkt sie, und der Hut hat sie fortgetragen. Hoch in die Luft!

„Hallo", ruft sie den Raben zu, „habt ihr irgendwo Tante Josefin fliegen sehen?"

Aber die Raben scheinen nichts zu wissen.

„Je nachdem wie der Wind steht", denkt Tipsy, „sehe ich sie nie mehr wieder."

Sie stellt sich vor, wie Tante Josefin lautlos über fernen Ländern dahinschwebt.

Traurig geht Tipsy nach Hause. Sie muß es Mumpf sagen. Sie öffnet die Tür – da sitzt Tante Josefin am Tisch und liest in ihrem Buch! Es ist wunderschön, sie zu sehen.

„Hallo!" sagt Tipsy und denkt sich: „Wo sollte sie auch sein? Tante Josefin ist doch immer zu Hause!"

Gina Ruck-Pauquèt
aus:
Tipsy macht den Goldfisch glücklich
Verlag G. Bitter, Recklinghausen 1969

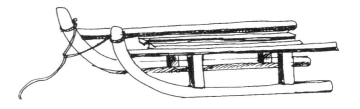

Das Leise – wenn der Schnee fällt — m6

m6 — *Das Leise – wenn der Schnee fällt*

Gedicht:
Nachts, wenn es schneit

Hans Baumann drückt in seinem Gedicht aus, was auch wir erleben können, wenn es um uns herum ganz still ist, weil es schneit. Die Schneedecke mindert alle Geräusche.

Die Kinder werden sicher nur selten einmal wie der Dichter das Schneien in der Nacht erleben, sicherlich aber am Winterabend, wenn es früh dunkel wird, oder sogar mitten am Tage. Sie stehen dann am Fenster und schauen und schauen. Manchmal ist der Schnee aber auch da, wenn sie morgens aufstehen.

Daß sich Schnee überall hinsetzt, auf Dächer und Bäume, Denkmäler und Brücken ... ist ein zweites Moment des Gedichtes, ein Phänomen, auf das die Kinder aufmerksam gemacht werden können. Wie verändert dann alle Dinge aussehen!

Das Gedicht kann in Verbindung zum Text „Schöner Schnee" von Anna Robeck gesehen werden.

Die Illustration zum Gedicht bietet uns einen Blick durch ein Fenster in einen verschneiten Ort während der Nacht.

gGg

- An einem Tag, an dem es tüchtig schneit, macht die Gruppe die Erfahrung, daß der Schnee die Dinge zudeckt und daß alle Geräusche gedämpft werden.

- Die Kinder sitzen im Halbkreis.
  Sie erinnern sich, wie leise der Schnee fällt.
  Die Erzieherin zeigt den Kindern das Bild der Seite 240.
  Die Kinder äußern sich spontan dazu.
  Sie entdecken Einzelheiten.
  Gesprächsimpulse: Als würden wir durch ein Fenster schauen ...
  Schaut, worauf der Schnee überall liegt.

- Erzieherin: Zu diesem Bild paßt ein kleines Gedicht von einem Dichter, der viele schöne Bücher für Kinder geschrieben hat. Vielleicht ist er einmal nachts aufgewacht. Er hatte schon etwas geschlafen. Da ist er ans Fenster gegangen, weil es so ganz, ganz still war. Er hat gar nichts gehört: keine Autos, keine Menschen, gar keinen Laut. Das war so merkwürdig.
  Aber was sieht er da? Alles ist weiß, und es schneit überallhin: auf die Brücke über dem Fluß, auf den Baum, der im Herbst seine Blätter verloren hat (vielleicht eine Platane), auf die Kiefer (Föhre) am Haus, ja sogar, das kann er sehen, dort auf den Rücken des Denkmallöwen.
  Es schneit und schneit. Da denkt er bei sich: Es ist, als höre ich den Schnee wachsen – die Schneedecke wird immer dicker. Immer leiser wird es – der Schnee ist die leiseste Geschichte von der Welt.

  Da hat sich der Dichter seinen warmen Pullover angezogen, er hat sich an den Schreibtisch gesetzt und das Gedicht geschrieben, das ich euch vortragen möchte:

> Wer in einer Winternacht,
> wenn es still ist weit und breit,
> mitten aus dem Schlaf erwacht,
> weil es schneit und schneit und schneit
> auf die Dächer, auf die Brücken,
> auf Platanen und auf Föhren,
> Denkmalslöwen auf den Rücken -
> kann den Winter wachsen hören.

Hans Baumann
aus:
Eins zu null für uns Kinder
Verlag dtv junior, München 1975

Das Leise – wenn der Schnee fällt m6

- Die Kinder äußern sich. Sie setzen Bild und Gedicht zueinander in Beziehung.
- Die Erzieherin trägt das Gedicht noch einmal vor, die Kinder sprechen es zeilenweise fröhlich rhythmisch mit. (Vielleicht erfinden sie eine eigene Melodie dazu und versuchen, sie mit Instrumenten zu begleiten.)
- Erzieherin: Morgen gehen wir miteinander hinaus. Da schauen wir, wo überall der Schnee liegt. Ich freue mich schon auf morgen.

EP
gG

- Die Kinder schauen sich Bilderbücher vom Schnee an.
- Die Kinder gehen nach draußen, sie schauen und entdecken mit der Erzieherin, wohin sich der Schnee gesetzt hat: auf Baumspitzen, auf schräge und flache Dächer, auf Grasbüschel, auf Zäune, auf Autos, und – wenn es gerade schneit – auf Mützen und Anoraks und Wimpern. Wie ganz anders alles aussieht!
Vielleicht ist es auch möglich, ein Denkmal aufzusuchen.
- Die Kinder malen auf farbiges Tonpapier, was sie gesehen haben, und legen mit weißer Deckfarbe „Schneedecken" darüber.
(Es bietet sich an, das Märchen „Der goldene Schlüssel" zu erzählen.

Wir wandern durch den Winterwald

Text: Marina Palmen Melodie: Hubertus Vorholt

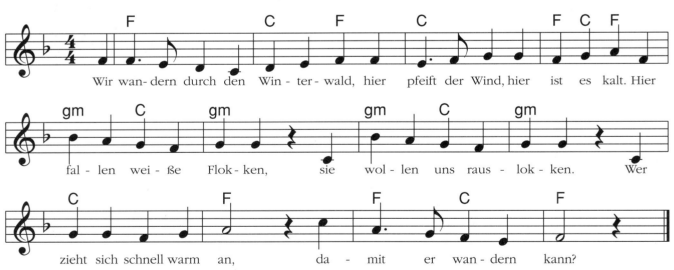

Spielanregung:
Dieses Lied bietet sich an, wenn uns im Winter der Schnee nach draußen lockt. Weitere Strophen können ergänzt werden, indem bestimmte Kleidungsstücke vorgezeigt oder auch angezogen werden; die Liedzeile „Wer zieht sich schnell warm an" wird dann ersetzt durch: Wer zieht die Jacke (den Mantel, die Mütze, den Wollschal, die Stiefel ...) an, damit ...

m6 — *Das Leise – wenn der Schnee fällt*

Ein Kind fragt nach den Sternen

Für ein schauendes Kind ist die ganze Welt voller Sterne: Sterne am Himmel, kleine weiße Schneeflockensterne am Mantel, gelbe und blaue und rote Blumensterne auf der Wiese.
Sterne faszinieren uns durch die Vielfalt ihrer symmetrischen Formen.

Die Natur verschenkt großzügig „Sternstunden" – damit es auf der Erde leuchtet.

Die Sterne

Das Kind sagt: „Mutter, die Sterne, sind sie am Himmel?"

Die Mutter sagt: „Ja, Kind, die Sterne sind am Himmel!"

Das Kind sagt: „Mutter, aber wenn es schneit und meine Mütze und mein Ärmel und mein ganzer Mantel sind weiß von Schnee, dann sind es lauter kleine weiße Sterne."

„Ja, Kind", sagt die Mutter, „das sind auch Sterne."

„Mutter", sagt das Kind, „wenn ich in die Wiese gehe, sind alle Blumen Sterne, gelbe Sterne, blaue Sterne, rote Sterne, oder sind es nicht Sterne?"

Die Mutter sagt: „Ja, Kind, es sind Sterne. Die ganze Welt ist voller Sterne."

Irmgard Faber du Faur
aus:
Liebe Welt
Verlag Sauerländer, Aarau 1958

Lotto: Schneekristalle

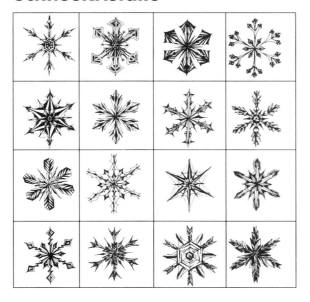

243

Das Leise – wenn der Schnee fällt

Anregungen zum Beobachten: Schneekristalle

Schneeflocken

Schneeflocken haben wunderbare kristalline Formen.
Ist die Luft warm und der fallende Schnee naß, so kleben die Schneeflocken zusammen. Ist es aber recht kalt, und es schneit nur fein, so lassen sich die Schneekristalle gut erkennen.

- Mit dunklem Velourspapier, das vorher schon der Kälte ausgesetzt war, draußen Schneeflocken auffangen: Entdecken, daß jede Schneeflocke aus vielen zierlichen Sternen besteht, und wie die Schneekristalle im Sonnenlicht glitzern und funkeln.
- Durch eine Lupe die Schneeflocken betrachten und zauberhafte Formen schauen: Ecken und Zacken, Strahlen und Striche, Blättchen und Plättchen, Körner und Flügel, tausend verschiedene Schneekristalle.

Eiskugeln

Bei sehr kaltem Wetter einen kleinen Topf mit Seifenlauge ins Freie stellen. Wenn sich an der Oberfläche die ersten Eiskristalle bilden, mit möglichst dicken Röhrchen Seifenblasen in die kalte Luft pusten. Sie werden schnell zu festen Kugeln, auf denen sich sternförmige Schneekristalle bilden. Die Kugeln vorsichtig auf dunklem Velourspapier auffangen und die entstehenden Eisblumen betrachten.

Eisscheiben

Bei Frostwetter frieren Wasserpfützen auf Wegen zu. Bei einem Spaziergang das Eis vorsichtig einbrechen. Klare Eisscheiben nahe vor die Augen halten und hindurchschauen: Wie alles verfremdet aussieht ... auch die Gesichter anderer Kinder.

Anregungen zum Gestalten: Schneekristalle

Auf kräftige Transparentfolie mit Hilfe von angefertigten Sechseck-Schablonen Sterne zeichnen und ausschneiden. Auf die Sterne mit Pinsel und weißer Acrylfarbe symmetrische Muster aufmalen.

Im Kunstgewerbehandel gibt es in einer kleinen Spandose ein Sortiment von filigranen Sechssecksternen, gesägt aus Spanholz.
Diese flachen Sterne eignen sich für die Durchreibetechnik:
Auf einen Stern ein weißes Zeichenpapier legen und mit einem quer gehaltenen Wachsmalstift leicht und gleichmäßig die Strukturen durchreiben.

Aus weißem Zeichenkarton zwei gleichseitige Dreiecke zuschneiden, ca. 6 cm Schenkellänge.
Die beiden Dreiecke als Stern zusammenkleben. Auf einer Filzunterlage mit einer Nadel symmetrische Lochmuster stechen.

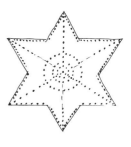

Ein quadratisches weißes Blatt dreimal so falten, daß ein Dreieck entsteht. Von der offenen Seite her zackige Stücke herausschneiden, die Bruchkanten bleiben stehen.

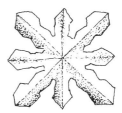

Das Leise – wenn der Schnee fällt m6

Erfahrungsbericht: Schneelaternen

Josef Guggenmos erzählt in seinem Buch „Ein Elefant marschiert durchs Land" (Paulus-Verlag), wie drei Kinder eine Schneelaterne bauen. Diese Geschichte brachte mich auf die Idee, die Anregung an die Eltern weiterzugeben. Im Kindergarten ist das Anfertigen einer solchen Laterne nicht sinnvoll, weil ihr Lichteffekt nur bei Dunkelheit zur Wirkung kommt.

Da mich selber der Bau einer solchen Laterne interessierte, bastelte ich eine, fotografierte sie und heftete das Foto mit folgendem Text an die Anschlagtafel:

„Kinder werfen gern Schneebälle, manchmal zu unserem Ärger. Die Schneelaterne regt dazu an, Schneebälle auf „friedliche" Weise zu verwenden. Besonders gut läßt sich feuchter Schnee formen und zu einer Laterne zusammenfügen. Als Lichtquelle für die Laterne können Kerzen oder Campinglichter verwendet werden. Das Licht leuchtet nicht nur durch die Öffnung, sondern auch durch die Ritzen und schimmert durch die Schneebälle hindurch. Da wir im Kindergarten keine Nacht haben, gebe ich diese Anregung an Sie weiter."

Nach dem Weihnachtsfest berichtete eine Mutter, daß die Kinder am Silvestertag solche Laternen in verschiedenen Größen gebaut hatten und daß sich über die stimmungsvollen Lichtgebilde nicht nur die Kinder, sondern auch die Erwachsenen gefreut hatten.

Elisabeth Brunacker, Linz
aus:
Feiner/Niederle/Michelic, Kinder erleben ihre Umwelt
Österreichischer Bundesverlag, Wien 1980

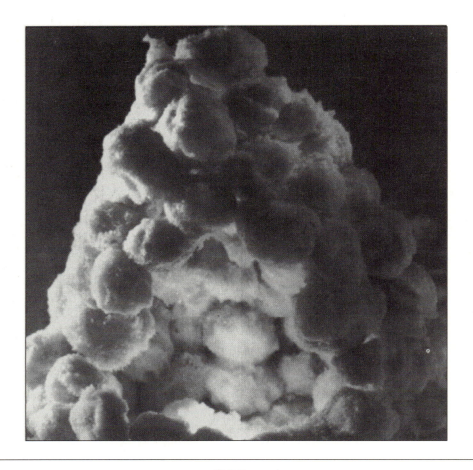

Das Leise – wenn der Schnee fällt

Eine mauseleise Bildergeschichte

In den letzten Tagen hat es viel geschneit. „Ich werde in den Wald gehen und etwas Brennholz sammeln", sagt Didi Fledermaus.

Manuel beschließt, einen Schneemann zu bauen. Während er die erste Schneekugel rollt, kommt ihm ein noch besserer Gedanke.

„Eine Schneekatze werde ich machen!" denkt er. „Eine ganz große Schneekatze!"

Fertig! Etwas fehlt noch. Katzen haben leuchtende gelbe Augen! Manuel holt Kerzen aus dem Haus.

Als Didi zurückkommt, erschrickt er. Die Schneekatze sieht wirklich sehr echt aus.

„Die lassen wir den ganzen Winter über stehen", sagt Manuel, „damit sich die Füchse und Wölfe fürchten!"

Erwin Moser aus: Mein Baumhaus, Beltz Verlag, Weinheim und Basel 1983 – Programm Beltz & Gelberg, Weinheim

Das Leise – wenn der Schnee fällt   m6

Vielleicht haben die Kinder draußen im Garten zusammen einen schönen Schneemann gebaut. Nun stehen sie am Fenster, betrachten ihn und fragen sich, wovon denn der Schneemann wohl träumt.

Schneemannstraum

Text: Marina Palmen Melodie und Spielanregung: Hubertus Vorbolt

Am Gar-ten-zaun, am Gar-ten-zaun hat un-ser Schnee-mann ei-nen Traum. Er nickt mit sei-nem Schnee-manns-kopf, er dreht sich flott im Kreis. Er lädt uns ein zum Schnee-manns-tanz, wir sin-gen laut und leis: Nick-nick, dreh-dreh. Nick-nick, dreh-dreh. Wir tan-zen mit dem Mann aus Schnee. Nick-nick, dreh-dreh. Nick-nick, dreh-dreh. Wir tan-zen durch den Schnee.

Spielanregung: Die Kinder stehen im Kreis, die Hände durchgefaßt, ein Kind steht als Schneemann verkleidet in der Mitte.

Am Gartenzaun, am Gartenzaun hat unser Schneemann einen Traum. Er <u>nickt</u> mit seinem <u>Schnee</u>mannskopf.	Alle Kinder singen, der Schneemann steht verträumt da, die Arme in die Seite gestemmt; er nickt mit dem Kopf (jeweils bei den unterstrichenen Silben und Wörtern);
Er <u>dreht</u> sich flott im <u>Kreis</u>.	er nickt und dreht sich dabei auf der Stelle wie eine Marionette;
Er <u>lädt</u> uns ein zum <u>Schnee</u>mannstanz.	er nickt und dreht sich und macht mit den Armen einladende Bewegungen;
Wir <u>singen</u> laut und <u>leis</u>: Nick-<u>nick</u>, dreh-dreh. Nick-<u>nick</u>, dreh-dreh. Wir <u>tanzen</u> mit dem <u>Mann</u> aus Schnee. Nick-<u>nick</u>, dreh-dreh. Nick-<u>nick</u>, dreh-dreh. Wir <u>tanzen</u> durch den <u>Schnee</u>.	der Schneemann nickt und dreht sich weiter; die Kinder lassen einander los, stemmen die Arme in die Seite, nicken mit dem Kopf und drehen sich mit kleinen Trippelschrittchen auf der Stelle. Der Teil „Nick-nick" läßt sich wiederholen, wobei die Kinder sich anfassen, im Kreis herumgehen (dabei das Nicken nicht vergessen), während der Schneemann allein in der Mitte tanzt oder sich in den Kreis einreiht. Zum Schluß bleiben alle stehen, der Schneemann steht wieder reglos in der Mitte.

Kinderliteratur

Eine Auswahl zu den Themen:
Ich habe Schätze
Ferne und Nähe
Was ich teilen kann
Das Leise
(Stand August 1989)

Ich habe Schätze

m1 **Etwas finden, was einem gefällt**
L.Lionni, Am Strand sind Steine, die keine sind, Middelhauve (vergriffen)
G.Lundgren/L.Jacobson/M.Jacobson, Malkolm erlebt den Sommer, Carlsen
darin: Im Haus hat Malkolm eine Schatztruhe

m2 **Etwas zur Erinnerung behalten**
J.Guggenmos/G.Karl, Es gingen drei Kinder durch den Wald, Beltz (vergriffen, keine Neuauflage)
H.G.Lenzen/M.-L.Lemke-Pricken, Lindas Zimmer, Thienemann

m3 **Ein eigenes Schatzkästchen haben**
H.Heyduck-Huth, Der Seestern, Atlantis Kinderbücher bei Pro Juventute
H.Heyduck-Huth, Die Strohblume, a.a.O.
H.Heyduck-Huth, Die Glaskugel, a.a.O.
H.Heyduck-Huth, Der Glitzerstein, a.a.O. (nur noch in wenigen Exemplaren bei Pro Juventute; die Schatzkastengeschichten erscheinen voraussichtlich in veränderter Aufmachung in einem anderen Verlag)

m4 **Schönen und interessanten Dingen einen Platz geben**
H.Hanisch, Julias Haus, Herder (vergriffen, keine Neuauflage)
darin: Der Montag-Besuch

m8 **Gleichnisse vom Schätzefinden**
M.Bolliger/P.Sis, Eine Zwergengeschichte, Bohem Press
H.Heine, Die Perle, Middelhauve
Janosch, Komm, wir finden einen Schatz, Beltz
L.von Keyserlingk/S.Nowakowski, Geschichten aus Anderland, Rowohlt TB
darin: Sebastian und sein Kett-Car

(Kuschelschätze hüten)
H.Beisert, Das Schnuffeltuch, Nord-Süd
M.Ende/R.Quadflieg, Das kleine Lumpenkasperle, Urachhaus
M.Kubelka/H.Poppel, Mein Freund Füchslein, Ellermann
A.Miller/B.Smith, Das Deckchen, Parabel
D.Schubert/R.Inhauser, Murkel ist wieder da! Sauerländer

Bildersachbücher
Reihe: Sehen . Staunen . Wissen, Muscheln & Schnecken, Gerstenberg
Reihe: Sehen . Staunen . Wissen, Gesteine & Mineralien, Gerstenberg

Ferne und Nähe

m2 Sehen – weit weg – ganz nah
m3 Hören – weit weg – ganz nah

P.Casey, Frühling, Sauerländer
P.Casey, Sommer, Sauerländer
E.A.Ekker/G.Schmölzer/U.Miller, Kleine und große Welten, Reihe: Erlebnis Mitwelt, Breitschopf
G.Hofer/C.Rabba, Unser Haus lebt, Reihe: Erlebnis Mitwelt, Breitschopf
L.Lionni, Stück für Stück, Middelhauve
J.Mari/E.Mari, Der Apfel und der Schmetterling, Ellermann
J.Schoenherr/J.Yolen, Eulen-Rufe, O.Maier
L.Askenazy/E.Delessert/A.v.d.Essen, Yok-Yok 7. Der Schatten, Middelhauve (vergriffen, keine Neuauflage)
darin: Die Glocken
H.Ossowski (Hrsg.), Unter dem Sonnenschirm, Patmos
darin: W.Harranth, Rumpel Pumpel

m4 **Tausend Schirmchen schweben leicht**
B.Watts, Der Löwenzahn, Reihe: Wir erleben die Natur, Peters

m5 **So nah und doch so fern**
F.Asch, Der kleine Mondbär, Herder
E.A.Ekker/H.Heyduck-Huth, Und was ist hinter dem Hügel? Thienemann
M.Kasuya, Jan wundert sich, Wittig
L.Lionni, Tillie und die Mauer, Middelhauve
S.Yano (Ursula Wölfel), Hinter dem Hügel, Patmos (vergriffen)

m6 **Fliegen wie ein Vogelkind**
E.Coerr/C.Croll, Das große Ballonrennen, Reihe: Lerne lesen, Carlsen
E.Fonteyne, Mein Ballon fliegt davon, Ellermann
B.Lornsen, Tim Träumer, Reihe: Sonne, Mond und Sterne, Oetinger

Kinderliteratur

B.Lornsen, Die Möwe und der Gartenzwerg oder Wie groß ist die Welt? Thienemann
P.Nomis/E.B. Lounsbach, Ikarus, der Flieger, Sellier
L.Williams/C.Solé Vendrell, Der Wolkenbär, Bohem Press

m7 *Nähe suchen – Nähe finden*
E.H.Minarik/M.Sendak, Der kleine Bär auf Besuch, Sauerländer

m8 *Trennung überwinden*
Grimm/P.Schmidt, Jorinde und Joringel, Middelhauve (vergriffen, Neuauflage vorgesehen)
Grimm/Bernadette, Rapunzel, Nord-Süd
Grimm/K.Blume, Rapunzel, Coppenrath
E.Borchers/W.Schlote, Briefe an Sarah, Insel
L.Meter, Briefe an Barbara, Middelhauve (für Hortkinder)

m9 *Einen Ausflug machen*
W.Blecher, Wo ist Wendelin? Beltz
B.Cratzius/U.Verburg, Wir machen eine Reise, Herder
D.Cüppers, Draußen ist es schön, O.Maier
S.Hughes, Wir gehen in den Park, Sauerländer
M.Rettich, Jan und Julia machen einen Ausflug, Oetinger
E.Scherbarth, Wir fahren hinaus, O.Maier

Was ich teilen kann

m1 *Teilen macht Freude*
L.u.G.Alberti, Das rote Paket, Bohem Press
M.Bolliger/J.Obrist, Heinrich, Artemis
H.Heine, Drei kleine Freunde, Middelhauve
H.Heine, Freunde, Middelhauve
Ch.Nöstlinger, Jokel, Jula und Jericho, Beltz
H.Schüler, Geschichten ab 3, Rowohlt TB
darin: Weißnäschen und Schwarzpfötchen tauschen Spielzeug
darin: Die Modenschau
U.Wölfel, Neunundzwanzig verrückte Geschichten, Hoch
darin: Die Geschichte von der Wippe

m5 *Arbeit und Spiel teilen*
L.Lionni, Frederick, Middelhauve
W.Harranth/J.Palecek, Claudia mit einer Mütze voll Zeit, Jungbrunnen
W.Metzger, Da helf ich mit, O.Maier
F.K.Waechter, Wir können noch viel zusammen machen, Parabel und Orell Füssli

m6 *Raum und Zeit teilen*
L.Lionni, Das gehört mir! Middelhauve
M.Lobe/A.Kaufmann, Der Apfelbaum, Jugend & Volk
R.Michl/T.Michels, Es klopft bei Wanja in der Nacht, Ellermann
E.Rechlin/E.Zink-Pingel, Ein Nest für drei, Patmos

m7 *Freude und Leid teilen*
U.Wölfel, Achtundzwanzig Lachgeschichten, Hoch
darin: Die Geschichte vom Kind, das immer lachten mußte

m8 *Licht teilen*
M.Bolliger, B.Schären, Eine Wintergeschichte, Artemis
S.Heuck, Pony, Bär und Abendstern, Thienemann
G.M.Scheidl/M.Pfister, Die vier Lichter des Hirten Simon, Nord-Süd
G.Rodari, Gutenachtgeschichten am Telefon, Thienemann
darin: Die Sonne und die Wolke

m9 *Vorbilder des Teilens*
T.Fontane/A.Agthe, Herr von Ribbeck auf Ribbeck im Havelland, Ellermann
T.Fontane/N.Hogrogian, Herr von Ribbeck auf Ribbeck im Havelland, Atlantis Kinderbücher bei Pro Juventute
Grimm/St.Zavrel, Sterntaler, Patmos (vergriffen, keine Neuauflage)
M.Puncel/V.Escriva/J.Krüss, Kirschen schmecken jedem gut, Neuer Finken
L.N.Tolstoi/Bernadette, Schuster Martin, Nord-Süd
L.Lionni, Tico und die goldenen Flügel, Middelhauve
E.Hasler/A.Bolliger-Savelli, Elisabeth von Thüringen, Patmos
R.Schindler/H.Heyduck-Huth, Martinus teilt den Mantel, Kaufmann
R.Schupp (Hrsg.), Mein Büchlein vom Teilen, Reihe: Mitmach-Büchlein, Kaufmann

Das Leise

m1 *Stille Bilder*
K.Arnold, B.Lehmann, Der Sternenwagen, Ellermann
K.Bhend/E.Hasler, Im Traum kann ich fliegen, O.Maier
B.Goffstein, Die Gambas und andere Bildergeschichten, Sauerländer
G.Lorenzer, Das Efeu-Haus, O.Maier
S.Ray, Tiere in der Nacht, O.Maier
G.Ruck-Pauquet/H.Heyduck-Huth, Kommt ein Mann mit Katz und Huhn, Neuer Finken
I.Sawai (deutscher Text E.-M.Spaeth), Meine Fahrt ans Meer, Wittig
K.Wada, Ein Himmel voller Lichter, Wittig
R.Schindler/H.Schmidt, Florian in der Kirche, Kaufmann

Kinderliteratur/Bezugsquellen

m2 Leise Vorspiele
J.Ehlers-Juhle, H.Krekeler, S.Sailer, Mick und Micki-Mäusegeschichten zum Basteln, Spielen und Lesen, Schwann im Patmos

m4 Das Leise – wenn ich schlafen gehe
H.Baumann/E.Dietzsch-Capelle, Wie Tierkinder schlafen, Thienemann
A.Dahan, Mein Freund der Mond, Bohem Press
R.Hoban/G.Williams, Fränzi geht schlafen, Sauerländer
U.u.B.Wölfel, Vom Morgen bis zum Abend, Patmos
R.Krenzer (Hrsg.), Murmelchen will schlafen – Lieder und Gebete zur guten Nacht, Patmos
D.Kreusch-Jacob (Hrsg.), Heut nacht steigt der Mond übers Dach, Ellermann
darin: zahlreiche Lieder, Gedichte, Geschichten vom Schlafengehen

m5 Das Leise – wenn die Weihnachtszeit kommt
M.Bolliger/St.Zavrel, Das Hirtenlied, Bohem Press
J.Brezan/B.Oberdieck, Der Wundervogelmann, O.Maier
M.Kasuya, Vor langer Zeit in Bethlehem, Atlantis Kinderbücher bei Pro Juventute
U.Kirchberg, Ein Stern leuchtet hell, Ellermann
S.Lagerlöf/D.Leclaire, Die heilige Nacht, Nord-Süd
R.Schindler/H.Heyduck-Huth, Hannah an der Krippe, O.Maier
B.Cratzius/R.Deßecker, Wer kommt mit nach Bethlehem, Reihe: Mitmachbüchlein 6, Kaufmann
R.Schindler, Engel kommen zu uns, Reihe: Mitmachbüchlein 9, Kaufmann
B.Bartos Höppner/E.Dietzsch-Capelle, Die Waldmaus macht einen Weihnachtsbesuch, Neuer Finken
M.Kasuya, Der kleine Stern, Wittig
M.Kasuya, Der allerkleinste Tannenbaum, Wittig
M.Rahn/R.Welsh, Lisa und ihr Tannenbaum, O.Maier

m6 Das Leise – wenn der Schnee fällt
A.Carigiet/S.Chönz, Der große Schnee, Orell Füssli
E.Hasler/M.Lemieux, Im Winterland, O.Maier
C.Hol, Lena und der Schneemann, Nord-Süd
L.Kätterer/K.Bhend-Zaugg, Es schneit – Drei Wintergeschichten, Blaukreuz
S.v.Olfers, Was Marilenchen erlebte! Loewe
M.Velthuijs, Es schneit, es schneit, O.Maier

Bezugsquellen (Stand August 1989)

Edelsteine
Trommelsteine (Barockform) in bunter Mischung: z.B. Bergkristall, Rauchquarz, Amethyst, Zitrin, Rosenquarz, Tigerauge, Achat, Chalcedon, Karneol, Chrysopras, Heliotrop, Rhodochrosit, Malachit, Rhodonit, Feldspat u.a.
Die Trommelsteine können in drei Größen bestellt werden: Größe 2 (ca.9mm Ø), Größe 3 (ca.15mm Ø), Größe 4 (ca.25mm Ø)
1 kg Trommelsteine DM 30,– + MwSt. = DM 34,20 zuzüglich Porto per Nachnahme zu beziehen bei:
Mineralien Import-Export Alfred Diederich, Hauptstr.2, 6581 Frauenberg bei Idar-Oberstein,
Telefon: 06787/321 (8.00-12.00 Uhr/13.00-17.00 Uhr)

Japanische Papierbälle
grosweise (144 Stück) im Fachhandel mit Japanvertretung, in kleinen Mengen im Spiel- und Lehrmittelversand

Kunstband „Elisabeth von Thüringen"
W.Nigg/H.Loose, Elisabeth von Thüringen – Mutter der Armen, Verlag Herder, 51 Abbildung, 113 Seiten, DM 36,50

Arbeitshilfen zum Martinsfest
Bistum Essen (Hrsg.), Arbeitsmaterial zum Martinsfest, Anregungen – Hilfen – Vorschläge
64 Seiten, DIN A5, Loseblattform im Schnellhefter, DM 11,80
Steyler Verlag Wort und Werk, Postfach 2460, 4054 Nettetal 2, Telefon 02157/120220
(Die Handreichung enthält zwei Gottesdienstvorschläge: einen Wortgottesdienst mit Vorschulkindern und eine Kinder- und Familienmesse. Im 2.Teil wurden „Bausteine für die Verkündigung" gesammelt. Sie zeigen eine Vielzahl von Möglichkeiten auf, Kindern die Botschaft des Martinsfestes zu erschließen. In einem Anhang wurden u.a. Anregungen zur Feier des Festes in der Familie und im Kindergarten zusammengestellt.)

Bilder in Postkartenformat „Martin" für die Hand der Kinder:
Bild 1 – Spanische Miniatur: DM 0,50
Bild 3 – Wandgemälde: DM 0,50
Bild 4 – Email: DM 0,50
Steyler Verlag Wort und Werk, a.a.O.

Die reich bebilderte Feldmühle-Broschüre „Martinslampen gestern und heute" (Text Dr. Carl Vossen) ist der Geschichte der Lichterzüge am Martinsabend gewidmet. Die Broschüre enthält außerdem eine Bastelanleitung für Martinslampen. Die Broschüre „Martinslampen gestern und heute" kann von Lehrern und Erziehern kostenlos angefordert werden bei:
Feldmühle Aktiengesellschaft – Öffentlichkeitsarbeit – Fritz-Vomfelde-Platz 4, 4000 Düsseldorf 11

Schneekristalle
sechseckige Schablone, 34 cm Ø und 6 Ausschnitte aus weißem Karton. Jeder der 6 Ausschnitte hat eine andere ausgestanzte Form.
Wird ein Ausschnitt sechsmal in der Schablone aneinandergelegt, so erhält man eine große „Schneeflocke".
Best.Nr. 512869 „Schneeflockenschablonen" DM 7,90 + MwSt = DM 9,01
zu beziehen bei: Dusyma – Kindergartenbedarf, Postfach 1260, 7060 Schorndorf

Stichwortverzeichnis

Volksmärchen der Brüder Grimm

Der goldene Schlüssel	42f
Jorinde und Joringel	114ff
Die Sterntaler	180f

Geschichten

Ich habe Schätze:

Das Mädchen und die Feder (Christine Vorholt)	16ff
Auf der Straße (Ursula Wölfel)	25
Packtag (Angelika Kutsch)	28f
Schatzkastengeschichten (Hilde Heyduck-Huth)	32ff
Bumfidel erfindet ein Spiel (Marieluise Bernhard-von Luttitz)	60

Ferne und Nähe:

Sommer-Leporello (Patricia Casey)	79
Steppenskizze aus Mittelasien – Musikalische Erzählung (Alexander Borodin)	85
Tim wartet auf die Nacht (Hanna Hanisch)	93
Den Mond überholen (Katrin Arnold)	94
Die Schmetterlingsmäuse (Leo Lionni/Frederik Vahle)	100ff
Wo bleibt denn Mutti? (Ulrike Diederich)	107
Sucht mich! (Ursula Wölfel)	113
Kater Mumpf trägt keine Badehose (Gina Ruck-Pauquet)	122f

Was ich teilen kann:

Hier, nimm dir was (Aliki)	135
Geteilte Freude (EXODUS 1. Schuljahr, Lehrerkommentar)	137
Petunia denkt nach (Gina Ruck-Pauquet)	143
Sabines Geburtstag (Christel Neuhäuser-Jentges)	146f
So ist mein Bruder! (Marieluise Bernhard-von Luttitz)	149
So viel ist immer zu tun (Ursula Wölfel)	151
Gustav Bär findet Freunde (Tilde Michels)	158ff
Geteiltes Licht (Hubertus und Christine Vorholt)	167ff
Zum Martinstag (Anne Dahm-Puchalla)	175
Zum Elisabeth-Tag (Anne Dahm-Puchalla)	177

Das Leise:

Ros und der Klatschmohn (Gina Ruck-Pauquet)	194
Eine mauseleise Geschichte (Christel Neuhäuser-Jentges)	199
Ein Traum (Viola Richter)	213
Bumfidel möchte sich freuen (Marieluise Bernhard-von Luttitz)	231f
Wer hat Tante Josefin gesehen? (Gina Ruck-Pauquet)	238f
Die Sterne (Irmgard Faber du Faur)	243
Eine mauseleise Schneegeschichte (Erwin Moser)	247

Verse

Ich habe Schätze:

Meine Schätze (Max Bolliger)	46f

Ferne und Nähe:

Wolkentheater (Hilde Hache)	83
Löwenzahn (volkstümlich)	90
Das Rapsfeld (Heidi Kaiser)	95

Was ich teilen kann:

Vier Käuzchen (Hans Baumann)	154f
Die drei Spatzen (Christian Morgenstern)	156f
Ich teile meine Freude (Renate Schupp)	163

Das Leise:

Das Leise und das Laute (Irina Piwowarowa)	207
Am Abend (Ursula Wölfel)	211
Zärtliche Gute-Nacht-Texte (Angela Sommer-Bodenburg)	213
Für den Winterabend (Christine Busta)	216
Dezember (Elisabeth Borchers)	226
Engel kommen auch zu uns (Regine Schindler)	231
Schöner Schnee (Anna Robeck)	237

Lieder

Ich habe Schätze:

Sammle hundert Steine ein (H.Baumann)	26
Ich kann etwas finden (Ch.Vorholt/volkstümlich)	28
Einen Ball aus Papier (Ch.Neuhäuser-Jentges)	45
Ringlein, Ringlein, du mußt wandern (volkstümlich)	57

Ferne und Nähe:

Ein Musikzug kommt von ferne her (B.Böke)	86
Löwenzahn, du Löwenzahn (B.Cratzius/P.G.Walter)	90
Heute sah ich eine Wolke (B.Cratzius/P.G.Walter)	104
Komm, komm, tanz mit mir (Ch.Neuhäuser-Jentges)	111
Gefangen ist ein Vögelein (volkstümlich)	119
Der Sommer ist kommen (Ch.und H.Vorholt)	124

Was ich teilen kann:

Es gibt ein großes Geheimnis (W.Broedel)	134
Wanderschuhe ruht nun aus (M.Palmen/H.Vorholt)	144
Ich hab' einen großen Kuchen (E.Borchers/H.Vorholt)	146
Kommt, ihr Gäste (M.Palmen/H.Vorholt)	148
In einem leeren Haselstrauch (Ch.Morgenstern/H.Vorholt)	157
Ich baue mir eine Laterne (R.Krenzer/W.Schult)	166
Durch die Straßen auf und nieder (L.Holzmeister/R.R.Klein)	173
Martins Herz brennt voller Liebe (M.Palmen/H.Vorholt)	174
wir teilen die äpfel aus (W.Willms/W.Keller)	182

Das Leise:

Unser kleiner Bär (R.Krenzer/volkstümlich)	210
Sterne gehen auf die Reise (M.Palmen/H.Vorholt)	212
Wir gehen den Weg in die Weihnacht hinein (H.Hanisch/R.R.Klein)	217
Sieben Hirten schlafen (R.Krenzer/I.Lotz)	230
Wir wandern durch den Winterwald (M.Palmen/H.Vorholt)	242
Am Gartenzaun, am Gartenzaun (M.Palmen/H.Vorholt)	248

(Akkorde: Frank Merker)

Ganzseitige Bilder

Ich habe Schätze:

Das Mädchen und die Feder (vier Bilder) (J.F.Seitz)	18ff
Kasten aus dem Schatz Tut-ench-Amuns	37

Ferne und Nähe:

Aus der Ferne zuwinken (J.F.Seitz)	72
Der Schmetterling im Blütenbaum (vier Bilder) (J.F.Seitz)	74ff
Ein wunderbares Gefühl (Aliki)	82
Landschaft aus der Vogelperspektive (J.F.Seitz)	98f
Jorinde und Joringel (zwei Bilder) (J.F.Seitz)	120f
Zuordnungsspiel: Gegensätze (siehe S.84)	Anhang

Was ich teilen kann:

Geteiltes Licht (vier Bilder) (J.F.Seitz)	169ff
Bildergeschichte (EXODUS 1. Schuljahr, Lehrerkommentar) (siehe S.137)	Anhang
Zuordnungsspiel: Dinge, die man teilen kann (siehe S.139)	Anhang
Vier Käuzchen (J.F.Seitz) (siehe S.155)	Anhang

Das Leise:

Ein schlafendes Baby (Foto)	193
Eine schlafende Blume (Foto)	195
Eine zärtliche Geste (Foto)	197
Am Abend (Foto)	208
Dezember (drei Bilder) (J.F.Seitz)	220ff
Winternacht (J.F.Seitz)	240
Lotto: Schneekristalle (siehe S.243)	Anhang

Ganzheitliche Wahrnehmungen

Ich habe Schätze:

Eine Vogelfeder	14f,23
Objekt: Hundert Muscheln	26
Beobachtungsspiele mit Naturmaterialien	27

Stichwortverzeichnis

Kästchen für jeden Monat	30
Anregung: Unser Erinnerungsbaum	31
Kasten und Schlüssel	36f
Kreisspiel: Ich hab etwas, das ist zart	46
Bericht: Alltagsästhetik im Kindergarten	50f
Anregung: Naturmaterialien im Setzkasten	52
Anregung: Ausstellungstage im Kindergarten	53
Tischspiele: Stoffe kennenlernen und vergleichen/ Schau genau	56
Kreisspiel: Erkenne, was im Beutel ist	56

Ferne und Nähe:

Zeichnungen: Der Schmetterling im Blütenbaum	74ff
Beobachtungsanregungen: Aus der Nähe, aus der Ferne	78f
Ausschnitte sehen / Vergrößerungen sehen / Mit den Händen sehen	80
Text: Die Natur	81
Bild: Ein wunderbares Gefühl	82
Beobachtungsgang: An der großen Straßenkreuzung	87
Anregungen: Überall Löwenzahn	91
Anregung für Eltern: Den Sternenhimmel entdecken	92
Am Rapsfeld	95
Landschaft aus der Vogelperspektive	97ff
Einander führen / Nur Summen / Waschstraße	108
Berühren / Wer kommt dem Stock am nächsten?	112

Was ich teilen kann:

Zeitungsreißen / Brücken bauen	136
Tischspiel: Gleichgewicht herstellen / Mengen verteilen	138
Pflanzen teilen	140f
Kreisspiel: Früchte teilen	142
Anregungen für ein Picknick im Freien	144f
Anregung: Die Vorratskammer	152
Licht teilen	167

Das Leise:

Ein schlafendes Baby	192f
Eine schlafende Blume	194f
Übungseinheiten: Leises wahrnehmen	198
Duftschale / Geruchsdosen / Farbbällchen	201
Glitzerstein / Wandelsterne / Lichterschiffchen	202
Leiseübungen im Kreis	203f
Bilder: Dezember	218f
Kerzen ziehen / Zweige stecken	233
Text: Schöner Schnee	237
Wenn es schneit	241f
Erzählung: Die Sterne	243
Schneeflocken / Eiskugeln / Eisscheiben	244
Schneelaternen	246f

Bildnerische Gestaltungsarbeiten

Federn betrachten und malen	11
Erfahren, daß man Dinge „kostbar" machen kann – eigene kleine Schätze vergolden	39
Ein eigenes Schatzkästchen verzieren	41
Objekte ästhetisch anordnen	50f
Legespiele	54f, 58, 201
Ein „Winkerlebnis" malen	73
In einem Leporello Ferne und Nähe darstellen	79
Nach einem Besuch am Rapsfeld Eindrücke malen	95
Kleine Landschaften gestalten	97
Zur Geschichte „Die Schmetterlingsmäuse" Stockpuppen basteln	101
Innere Bilder hervorholen	105f, 123
Zum Märchen „Jorinde und Joringel" Bilder malen	120
Einfache Eulen-Fingerpuppen basteln	154
Einfache Figuren und Gegenstände zur Geschichte von „Gustav Bär" basteln	161
Nach einer Bildbetrachtung in einem Museum ein Bild malen	176f
Zu einem Gedicht eine kleine Gestaltungsarbeit ausführen	211, 226
Kerzen ziehen / Zweige stecken	232
Entdecken, was der Schnee überdeckt – ein Schneebild malen	242
Schneekristalle sehen – Schneekristalle verschiedenartig darstellen	245

Rhythmik – Bewegung

Rhythmik mit dem japanischen Papierball	44f
Bewegungsspiel: Die Reise mit dem fliegenden Teppich	106
Rhythmikstunde: Komm, komm, tanz mit mir	110f
Bewegungsspiel: Sich frei bewegen, wie versteinert sein	119
Bewegungsspiel: Ein luftiges Spiel machen	153
Kreisspiel: Komm in mein Haus, komm in unser Haus	156
Tanz: Der Wasserfloh	163
Laternenreigen: Durch die Straßen auf und nieder	173
Ein mauseleises Fingerspiel	200
Lichtertanz: Anregungen	227

Singspiele

Ringlein, Ringlein, du mußt wandern	57
Gefangen ist ein Vögelein	119
Die drei Spatzen	157
Unser kleiner Bär	210
Sieben Hirten schlafen	230
Schneemannstraum	248

Tischspiele und Kreisspiele

Steinchen raten / Steinchen erwürfeln	57
Mäuschen, Märchen, Kesselchen	59
Zuordnungsspiel: Gegensätze (Anhang)	84
Tierkinder suchen ihre Mutter	109
Durch Würfeln Spielsteine teilen	138
Zuordnungsspiel: Dinge, die man teilen kann (Anhang)	139
Übungen des praktischen Lebens	200
Stille Post / Sage mir, wer steht hinter dir? / Folge mir	205
Rätsel und Scherzfragen	206
Lotto: Schneekristalle (Anhang)	243

Verklanglichungen (Jenny Neuhäuser)

Einführung des Kleinen Schlagwerks	48f
Einführung von Stabspielen I	87f
Einführung von Stabspielen II	178f
Verklanglichung des Märchens „Die Sterntaler"	180f
Einführung von Liegeklang und Schichtklang	214f
Verklanglichung des Gedichts „Für den Winterabend"	216
Verklanglichung des Bilderbuches „Jesus ist geboren"	234f

Biblische Texte

Mt 13,1-3; 13,44	62
Lk 1,26-38	228
Lk 2,8-20	229
Meditationstext: Dezember	219

Originalbeiträge von Barbara Cratzius/Paul G. Walter, Anne Dahm-Puchalla, Anneliese Elsässer-Specht, Hilde Hache, Jenny Neuhäuser, Christel Neuhäuser-Jentges, Marina Palmen/Hubertus Vorholt.

(Alle Texte ohne Verfasserangabe sind von Christine Vorholt unter Mitarbeit von Hubertus Vorholt.)

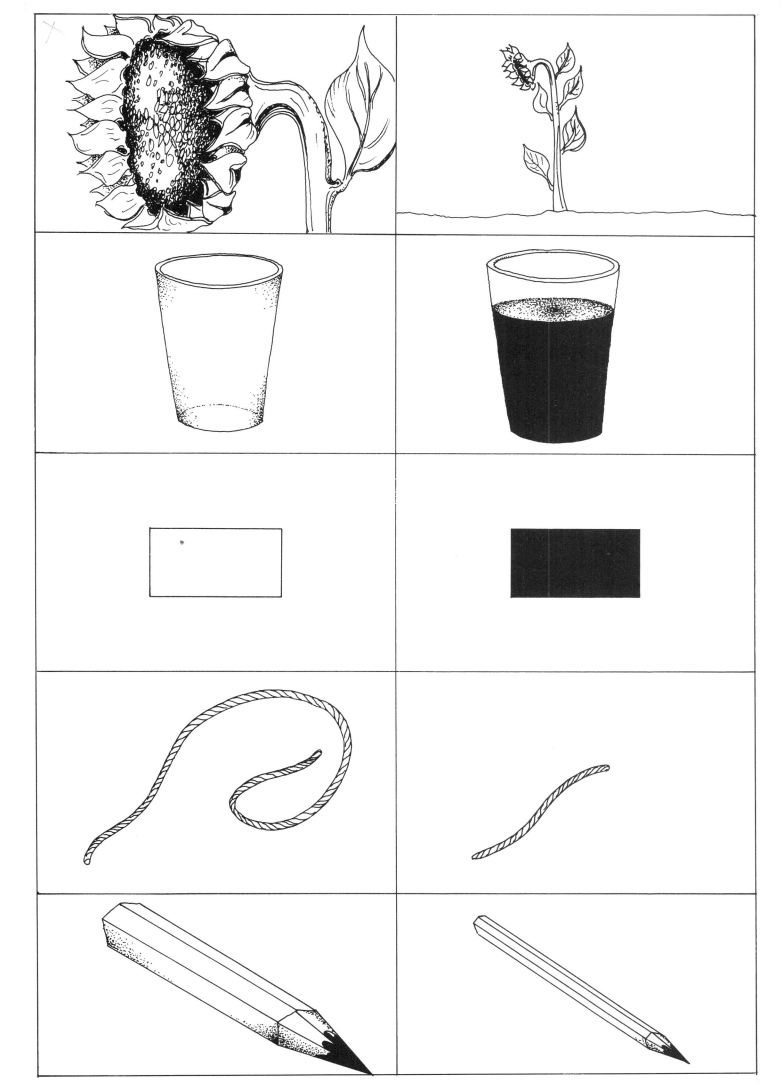

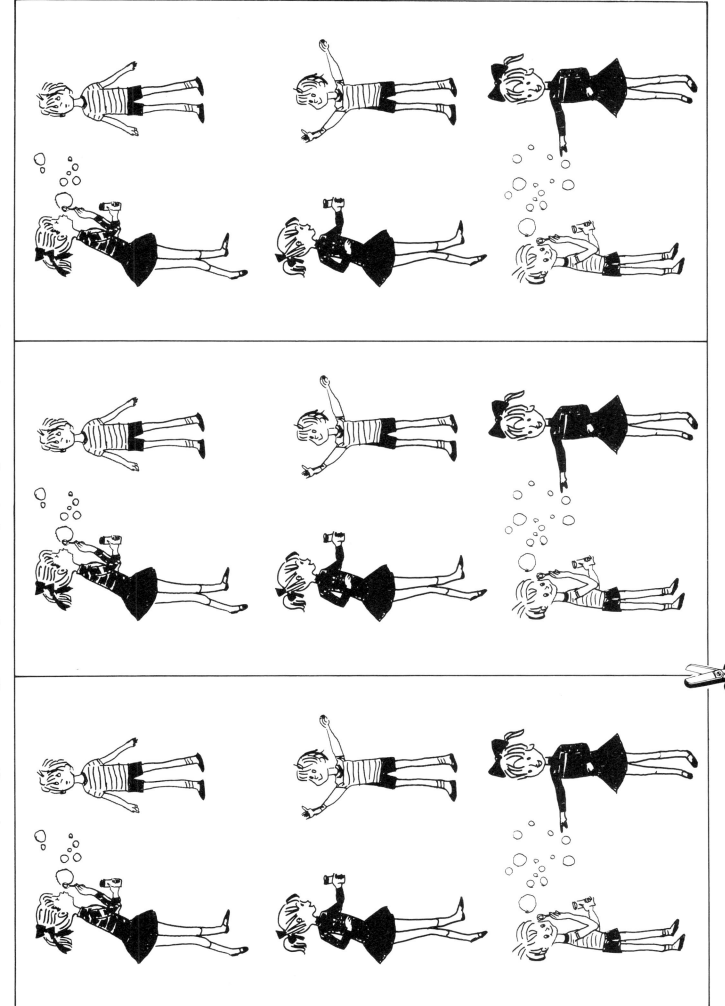

aus: Lehrerkommentar zu EXODUS, 1. Schulj., erarb. v. Th. Eggers/G. Lange/G. Miller/D. Wagner, Verlage Kösel/Patmos, München/Düsseldorf 1976